TACONES ALTOS, CORAZONES APASIONADOS

MARTHA CARRILLO

ANDREA LEGARRETA

TACONES ALTOS, CORAZONES APASIONADOS

DIANA

Diseño de portada: Alejandra Ruiz Esparza
Fotografías de portada y solapas: Blanca Charolet
Ilustraciones de interiores: Alma Núñez y Miguel Ángel Chávez / Grupo
Pictograma Ilustradores
Diseño de interiores y tipografía: Emilia Martínez

© 2014, Martha Carrillo
© 2014, Andrea Legarreta

Derechos reservados

© 2014, Editorial Planeta Mexicana, S.A. de C.V.
Bajo el sello editorial DIANA M.R.
Avenida Presidente Masarik núm. 111, 2o. piso
Colonia Chapultepec Morales
C.P. 11570, México, D.F.
www.editorialplaneta.com.mx

Primera edición: octubre de 2014
ISBN: 978-607-07-2445-9

Impreso en los talleres de Litográfica Ingramex, S.A. de C.V.
Centeno núm. 162-1, colonia Granjas Esmeralda, México, D.F.
Impreso y hecho en México – *Printed and made in Mexico*

Dedicatorias

De Martha:

*A Daniel, mi hijo, por ser un hombre que sabe respetar, amar
y valorar a las mujeres.
A Andrea, mi hija, quien con sólo unos meses de edad,
a través de su mirada me hizo valorar
la gran bendición de haber nacido MUJER
y poder compartir con ella el increíble mundo femenino.*

De Andrea:

*A las mujeres que más he amado y más
me han amado y enseñado en la vida:
Alicia y Angelita, mis adoradas abuelas,
con historias tan distintas y con tanto que aprenderles;
mi Chabelita, mi confidente, la que me ama, protege y apoya
más allá de mis errores y aciertos, ¡TE AMO!
Y a ese par de sueños hechos realidad, mis compañeritas
de vida, mis tesoros, mis pequeñas maestras de vida,
las que me hacen sentir que mi corazón se mueve al ritmo
de su existencia, Mía y Nina... Jamás me cansaré de
recordarles que soy MUY FELIZ de ser su ma'...
Jamás imaginé que mi corazón fuera capaz de amar así. ¡Las AMO!
Que no se les olvide NUNCA.*

Contenido

Introducción

La vida no se trata de encontrarte a ti misma, sino de crearte a ti misma.
—George Bernard Shaw

¡Hola, bienvenida! Pasa. ¿Quieres un café, un té o *algo más fuerte*? Acomódate para una buena charla entre amigas, sobre *esas cosas* que nos interesan, nos preocupan o que a veces no tenemos con quién platicar por razones familiares, personales o de pareja, pero sobre las cuales aquí hemos escrito tratando de incluir todo lo importante, desde los temas generacionales hasta los hijos, la maternidad, las relaciones con los hombres y varios tópicos más.

Las mujeres somos la mitad del mundo; sin embargo, a lo largo de la historia habíamos permanecido al margen, si no es que a la sombra de los principales acontecimientos. Hijas, esposas, madres, abuelas, hermanas, amigas, amantes, prostitutas, viudas, abandonadas o divorciadas habíamos tenido como reino casi siempre el hogar y la actividad doméstica como nuestra única profesión. Hasta hace apenas unas décadas que en todo el planeta se empezó a reconocer nuestro derecho a la educación, al trabajo, al voto, a una vida digna y libre de violencia donde tuviéramos igualdad de oportunidades con respecto a los hombres; pero aún falta mucho por hacer para alcanzar esa meta. No obstante, en pocos años, sobre todo en Occidente se ha dado una tremenda transformación de nuestra situación y con ella nos enfrentamos a retos enormes: adquirimos más responsabilidad en cuanto a la vida que queremos vivir, y por eso nos unimos a un despertar en el que surgieron posiciones como el *feminismo*: en su momento, un movimiento clave para dar voz a millones de mujeres que querían cambiar las cosas y recuperar el tiempo perdido.

Hoy en día, los temas de los que nos ocupamos son más diversos que la atención del hogar y la familia; pero en gran medida seguimos desarrollando nuestro papel tradicional de cuidadoras, procreadoras de vida y centro del núcleo familiar. Las mujeres asumimos más responsabilidades cruciales para la sociedad de las que ya teníamos, y ahora varias de nosotras nos dividimos entre el trabajo y la casa, los hijos, el esposo, nuestras profesiones, lo que se espera de nosotras y nuestra realización como personas. Es una lucha difícil, a veces parecemos malabaristas: de una *laptop* al cucharón, de la sala de juntas a la guardería, del partido de futbol a la cama; y a pesar de todo tratamos de divertirnos, ser felices con los que queremos, y a veces con sacrificios enormes hacemos lo necesario para que quienes nos rodean también sean dichosos. ¿Cómo es posible…? Digamos que es nuestro secreto, **es parte de la *magia* de ser mujer.**

De todo esto, de lo doloroso y complicado, de lo divertido y esperanzador, proponemos hablar aquí entre amigas, con confianza y sin pelos en la lengua, como cuando nos reunimos para contar lo que callamos frente a la pareja o los hijos, porque ¿quién mejor para entenderte que una amiga? Alguien que comparte contigo vivencias, secretos, emociones, que sabe de tus inquietudes y también vive a su manera su propia vida, siempre entre críticas y murmuraciones, porque somos tema de conversación para quienes nos conocen, es parte de *la esencia femenina*.

Así que relájate, estás en confianza, hablemos de belleza, relaciones, sexo y familia, ya que en estas páginas hemos puesto nuestro corazón, y nuestras experiencias personales.

Nosotras somos amigas desde hace años. Hemos compartido momentos inolvidables, sonrisas, tristezas; hemos sido cómplices, consejeras, nos hemos «jalado las orejas» cuando ha sido necesario; pero sobre todo, hemos abierto nuestros corazones, secretos, intimidades y ¿sabes qué?, es una delicia tener la confianza de mostrarte tal cual eres, sabiendo que no hay juicios sino aceptación plena, ya que este viaje consiste en compartir el camino… ¡Ese camino fascinante de *ser mujer*!

Este libro es nuestra invitación a que compartas con nosotras este camino, es maravilloso darnos cuenta de que no estamos solas en este increíble mundo femenino: es una «plática entre amigas»; entre nosotras y *tú*.

Besos

Martha *M* y Andrea *A*

1. G.I.
Generación de la Innovación

(O te adaptas o te friegas)

*Cada generación se sonríe de los padres,
se ríe de los abuelos y admira
a los bisabuelos.*

—William Somerset Maugham

Enfrentar mitos

A veces, cuando hablamos de la mujer de hoy, en realidad hablamos de lo que anhelamos que sea: un poco como la mujer de antes y otro poco lo que queremos ser. Tenemos el ideal de ser independientes, libres, de tomar todo tipo de decisiones, pero también tenemos tatuada toda esta información sobre las mujeres de antes, nuestras madres, abuelas, tías y una que otra hermana mayor, en quienes se definía lo femenino como quedarse en casa y cocinar, ocuparse de niños, limpieza, coser, bordar y hornear; en pocas palabras, ser amas de casa perfectas.

Esta época es compleja para nosotras: por un lado es vanguardista y por otro está en crisis. Nos identifican como la «Generación de la Innovación» porque vivimos un tiempo de profundos cambios en el papel de mujeres en la sociedad, en el hogar y con respecto a nosotras mismas, no somos como «las de antes»; pero tampoco hemos logrado definir bien a bien nuestro nuevo papel, nuestra libertad y nuestros límites. Hemos tenido que irnos adaptando a lo nuevo y por ello hemos aprendido a innovar, a crear nuevos caminos.

La energía femenina se está gestando en el universo con más fuerza que la masculina. Como mujeres estamos descubriendo nuestro poder, estamos volteando a vernos, estamos dejando de luchar contra los hombres: «*Son unos machos, desgraciados*». Ya trascendimos eso, ya pasamos más allá del enojo. De hecho, soltar la furia que acumulamos durante siglos ha sido muy sano porque en esa confrontación siempre nos perdíamos de nosotras mismas. Ahora nos encontramos en un punto más neutral, entendemos que en el mundo todos somos creadores de nuestra realidad, todos ponemos una parte…, por lo tanto, «permitir» el sometimiento fue también nuestra responsabilidad, algo que nosotras aceptamos durante siglos. Sin embargo, eso está quedando atrás, no ha sido fácil pero lo estamos logrando; aunque se trata de una revolución positiva, también tiene sus costos y sus complicaciones, como todo en la vida.

Para mejorarte regenérate cada día, regenérate.

—Tcheng

A pesar de que estamos en pleno siglo XXI, hay mitos contra los cuales tenemos que seguir luchando: la mujer virginal, pura y santa; la sumisa, casta y dulce que vive en función de su hombre y vale si tiene uno al lado. Además, la autoexigencia es altísima porque tienes que ser la mejor amante, cocinera, estar guapa, buena, y complacer a tus hijos y a tu marido. Esa es la información que traemos. El mito de «tú no vales como el otro», por lo tanto primero va tu hombre y tu familia que tú misma: nada más alejado de nuestra verdadera valía. Actualmente nos damos cuenta de que nuestro valor depende de nuestra propia esencia, que no valemos más por tener un hombre a nuestro lado, ni siquiera por tener un hijo, sino por nosotras; no por el lugar que ocupamos en la sociedad, sino por el valor que nos damos... *UNA MUJER VALE MÁS ALLÁ DE SUS CIRCUNSTANCIAS*; esto ha generado un cambio que cada vez permea a más mujeres: la AUTOVALORACIÓN... Hoy en día las mujeres que trabajan y pueden ser autosuficientes están al lado de un hombre porque quieren estar, no porque sea un mandato ni su única posibilidad, ni por el qué dirán. La libertad tiene mucho que ver con la independencia económica porque hoy sabemos que podemos salir adelante solas, con nuestros hijos, esto hace posible estar con una pareja porque se desea, no porque se debe o lo necesitas.

A Las mujeres de hoy todavía traemos bastante información de nuestras abuelas, nuestras madres, y al mismo tiempo queremos romper esquemas, trabajar, salir adelante solas. Es cierto, tenemos mejor puestos «los pantalones» que las mujeres de antes, quienes tenían una actitud más abnegada y sumisa; vivían limitadas a pesar de su deseo de luchar por sus sueños, su felicidad, y romper los mitos. En la actualidad tenemos la fuerza interior y la capacidad para lograrlo, lo hemos conseguido y debemos seguirlo haciendo;

cada vez hay más mujeres que son ejemplo de lucha, constancia, entrega y fuerza: ¡Llegan a sacudir a los hombres!

Lo que me dijeron que tenía que ser

De la mujer actual se espera que sea linda, trabajadora, decente, estudiosa, mamá, y que sostenga a la familia. Es una exigencia muy grande, con frecuencia impuesta por nosotras mismas. Antes las mujeres sabían qué iban a hacer, había tres líneas bien claras: te casabas, te quedabas solterona o te dedicabas a la vida *disipada*. Lo ideal era casarse y tener hijos, y había un comportamiento social y sexual controlado bajo estrictas reglas, del cual no era posible apartarse. No importaban tus sueños: eran reprimidos. Varias mujeres elegían el camino de la familia por la estabilidad, protección, seguridad. Algunas tenían la suerte de estar al lado de alguien a quien querían y quien las quería, pero muchas vivían frustradas, tristes y marchitándose por dentro porque era más importante mantener lo establecido que defender sus anhelos. Las mujeres en la actualidad hemos alcanzado nuestros sueños y somos valoradas por nosotras mismas, no por formar una familia o tener una pareja; es un gran logro, sin embargo, eso no quita que en ocasiones nos sintamos confundidas. Por lo general, quienes tienen más clara su postura son las más satisfechas, pero aún vamos de un extremo a otro: cuando nos conviene somos tenaces, guerreras, vamos «para adelante», y otras veces somos frágiles, femeninas y necesitadas.

M En cuanto a la relación mujer y familia, aunque se diga que hay una crisis porque la mujer se liberó, (además de que ha cambiado el concepto de familia —ante tantos divorcios—) las mujeres seguimos siendo el centro del hogar. Aunado a este rol fundamental, nos reinventamos en muchos sentidos: estamos dejando el miedo atrás, lo cual provoca por obvias razones que todo lo que nos rodea cambie. Lo que más miedo da en la vida es hacer algo que nunca has hecho, varias mujeres quienes nunca antes trabajaron salen al mundo, en principio por una necesidad económica, pero también descubriendo su pasión. El conflicto aquí radica en que fuimos educadas con el chip ancestral de que nuestros hijos tenían que ser nuestro único interés, y aunque es increíble ser mamá, como mujeres también tenemos otras pasiones que no tenemos por qué reprimir. Somos mujeres además de madres, y estar realizada te hace una mejor madre y esposa porque no les cargas a otros tus sueños, tú te dedicas a vivirlos. Además hay mujeres que son felices sin ser mamás: y hemos aprendido y aceptado que la maternidad es una elección y no un imperativo, es una verdadera batalla ganada después de siglos de imposición.

A Esas reglas impuestas de antes las seguimos reflejando cuando intentamos ser más femeninas: si *tenemos una pareja, tratamos de cumplir con ellos como nuestras mamás o abuelas, apapachándolos, protegiéndolos, atendiéndolos. Dejas de cumplir con estas reglas cuando te vas a trabajar, cuando tu vida está trazada en una agenda y tienes que acomodar tus tiempos: para la familia, para ti como mujer, como esposa... Aunque, pensándolo bien, también deberíamos romper con esto.*

En todo momento de mi vida hay una mujer
que me lleva de la mano en las tinieblas
de una realidad que las mujeres
conocen mejor que los hombres y en las cuales
se orientan mejor con menos luces.
—Gabriel García Márquez

Territorio ganado o perdido: la importancia de la elección

Por supuesto que también actualmente existen mujeres que deciden dedicarse a los hijos y al hogar al cien por ciento. Todo lo que sea por elección está bien. Tener conocimiento de tus opciones de vida te permite elegir, y si optas por quedarte en casa, con tus hijos: felicidades, siempre y cuando esa sea tu realización personal, que lo disfrutes y no vaya en detrimento de tu propia esencia. Si en un punto lo sufres porque te sientes ahogada o asfixiada, debes emprender una búsqueda, sabiendo que al trabajar sacrificas algo de tu vida personal.

TODA DECISIÓN IMPLICA UNA RENUNCIA. Puedes ser una mujer súper exitosa y súper trabajadora; sin embargo eso está pesándote y tal vez quieras dejarlo. Si optas por ser mamá lo importante es que te escuches, que puedas hacer una introspección para saber qué quieres, qué onda contigo. Además, no quiere decir que todas las decisiones que tomes sean para toda la vida: en un momento puedes elegir ocuparte de tus hijos, y en otro decidirte por trabajar. A veces crees que todo es para siempre, pero es una idea errónea: tus hijos van a crecer y en ese mundo profesional en el cual no pudiste desarrollarte cuando eran chiquitos, más tarde puedes buscar una oportunidad, cuando ellos crezcan. Siempre hay opciones, nada es una condena; ni siquiera la decisión de vivir «para siempre» con una persona. Eres la dueña de tu vida, date cuenta de que tienes la opción de cambiarla en cualquier momento, eres tú quien escribe el «guión» de la película que quieres vivir... Haz un alto, respira y pregúntate: ¿Soy feliz?, ¿en qué área de mi vida no lo soy?, y después elige el CAMBIO que te lleve a una mayor plenitud. No decidir también es una decisión, sólo que ésta te deja en el mismo lugar de insatisfacción: muévete... cambia... ¡ATRÉVETE!

A   *Tener poder de decisión es vital, porque no decidir es lo que hace que varios se arrepientan en algún momento de su vida de no haber hecho lo que querían. Hay que tener la certeza de lo que se quiere hacer, sabiendo que existe la posibilidad de equivocarnos: todo es aprendizaje.*

Permanecer en un trabajo o una relación que no te agrada tiene todo que ver con la decisión: tienes que pensar en ti, hay que ser un poquito egoísta y dejar de vivir en función de los demás; siempre estamos viendo lo que los demás necesitan, pero lo más importante es sentirnos felices para dar felicidad a otras personas. El simple hecho de mencionar la palabra «atadura» al hablar de una relación o un trabajo, da un carácter negativo. Siempre se puede estar mejor, y si te sientes atada, hay que sacar la fuerza, la casta y la inteligencia para romper con eso.

Se trata de tener el valor y la certeza de que es peor no tomar una decisión: si algo no te hace feliz y le has estado dando vueltas o te has estando esforzando, dando todo de ti y no lo consigues, vale la pena «aventarte». Es la mejor decisión aunque el resultado no sea el que busques, sin duda es preferible a quedarte como estás.

Debemos abrir los ojos y darnos cuenta de que hay otras historias de personas que han vivido momentos difíciles, complicados, quienes pensaban que tenían que quedarse allí, y se vale si es lo que deseaban; pero también hay quienes deciden soltar las cadenas, quienes optan por cambiar. Es un acto de valentía y tal vez da miedo tomar decisiones, pero el costo de quedarse sin hacer nada es demasiado alto, por lo cual, más allá de lo que digan, hay que atrevernos a buscar nuestra felicidad.

Una jornada de mil millas se puede efectuar paso a paso.
—Tao Te King

Época de cambios: la mujer de hoy

Hemos ganado espacios en todos los ámbitos, nos volvimos protagonistas no sólo de nuestras vidas sino del mundo: varios países ahora tienen mujeres presidentas, científicas, astronautas, escritoras. Mujeres destacadas en todas las áreas. ¿Qué permitió el cambio?: que «nos la creímos», dijimos «sí puedo, sí soy, sí valgo»; volteamos a vernos, escucharnos, sentirnos..., en una palabra, «despertamos» y así suena bonito, pero el proceso ha estado lleno de retos y descontrol: por un lado hay miedo, porque no sabes quién eres y te embarcas en un autodescubrimiento completo, y por otro se genera una gran responsabilidad, porque esto te lleva a tomar el mando de tu vida.

*Sé fuerte para que nadie te derrote,
noble para que nadie te humille y tú mismo
para que nadie te olvide.*

—Paulo Coelho

Con el cambio que generó el despertar femenino, varios hombres han podido adaptarse, y es más, hasta han descubierto y dejaron salir su parte femenina; pero otros no han podido con esta mujer liberada que piensa en sí misma y hace lo que quiere y siente. Sigue existiendo para varios la noción de que las mujeres deben ser controladas y sometidas. Por otro lado, hay mujeres aún sin este despertar, porque no se da en todas a la vez aunque sea un movimiento a nivel mundial; todavía la cultura, religión y costumbres de algunos países ha dificultado que surja. En pocas décadas la vida de las mujeres, sobre todo en Occidente, cambió ciento ochenta grados; somos afortunadas de vivir en esta época de tanta libertad y menor castración, resultado del trabajo de varias mujeres quienes durante los últimos tiempos han peleado por sus derechos.

No obstante, debemos ser conscientes de que la independencia lograda tiene sus costos, todavía hay quien «castiga», no acepta o segrega a una mujer independiente, con voz propia y poder de decisión, que hace lo que quiere. ¡Pero sin duda vale la pena! Ser tú es un privilegio, decidir tu vida, un REGALO; aprender a vivirla más allá del juicio de los demás, un DON.

El hombre perdona a la mujer cualquier cosa,
salvo su capacidad de ser
más inteligente que él.

—Minna Antrim

Yo no tuve una educación tradicional «como mujer», pues crecí con dos hermanos varones y mis papás venían de familias «disfuncionales» para la época, tenían una mentalidad más abierta.

Lo importante es que tus hijos sepan que estás ahí para ellos, que tienen derecho a luchar por sus sueños para salir adelante, sea que a ti te guste o no, que estés de acuerdo en lo que quieren aunque no sea lo que deseabas para ellos; algo similar pasó conmigo: mi educación como mujer me hizo sentirme libre, apoyada. Tal vez si hubiera sido niño o hubiera nacido en otra época habría sido distinta, pero crecer al lado de dos hombres me ayudó, me abrió el panorama, me quitó cualquier cerrazón en cuanto a las diferencias entre niñas y niños; más allá de un género, la diferencia radica en la educación y la apertura.

En cuanto al trato, la mentalidad de muchas personas es diferente cuando una mujer toma una decisión personal o cuando se trata de un hombre; aunque a estas alturas no se ve tan grave que una mujer sea divorciada o madre soltera, sigue existiendo una doble moral en la sociedad. La divorciada, la madre soltera, la mujer que decide entrar a trabajar o viajar sola se ve señalada por dicha doble moral. Sin embargo, hay un valor distinto en las mujeres actuales, hemos decidido romper los tabúes y el enfoque se ha dirigido a la búsqueda de nuestra felicidad, sin importar lo que alguien diga o piense. Hay que tener la valentía de arriesgarse, la experiencia de los años nos dice que vale la pena, en lugar de quedarnos con las ganas.

La fortuna favorece al audaz.
—Erasmo

La guerra de los géneros

Me resulta increíble pensar que en un mundo globalizado, con tecnología de punta, con una mayor conciencia, aún existan sociedades donde se considera a las mujeres como seres inferiores, de menor valía con respecto a los hombres, o casi como objetos. Cada género tiene sus cualidades, sus dones, sus atributos y somos tan complementarios, tan necesarios como el sol y la luna, como el yin y el yang. Es momento de reconocer al otro con la misma valía, de decir: «hombre, te honro, te necesito y te quiero en mi vida...», «mujer, te honro, te recuerdo y te quiero en mi vida», como dos seres complementarios, como dos seres que se necesitan para existir.

Esta marcada diferencia ha generado durante siglos frustración, odio, coraje... Es tiempo de ir al otro lado, a la aceptación, al amor, a reconocer que la energía femenina y masculina son las dos caras de una misma moneda. Tan es así que ambas energías están dentro de nosotras.

A La mujer de esta época es valiente, fuerte, guerrera; en cualquier tiempo hemos demostrado que cuando se necesita luchar, somos lo suficientemente fuertes. Hablando de los cambios que se han dado en las mujeres, no estaría tan de acuerdo en que de la lucha por demostrar que podemos solas, pasemos a una «batalla» en contra de los hombres; demostrar que somos mejores, me parece equivocado; no somos mejores sino diferentes, tenemos la capacidad, la fortaleza y la inteligencia para desarrollarnos en papeles que siempre han sido de los hombres. Esa confusión que te lleva de femenina a feminista tampoco está bien.

No importa qué tan fuertes seamos, todas queremos sentirnos hermosas.

—Internet

Soltar cadenas, sin olvidar lo bueno de otras generaciones

Entrado el siglo XXI, por fin estamos dejando atrás las frustraciones. Después de liberar el enojo, podemos voltear hacia nuestras propias necesidades, y de esta manera buscar la forma de reinventarnos. Así podemos darnos cuenta de cuáles son nuestros límites, hasta dónde podemos llegar, qué queremos y cómo lo queremos, entendiendo que es por nuestros propios medios, no por tener un hombre al lado.

Tampoco podemos renegar al cien por ciento de las mujeres que nos precedieron, porque no todo era negativo. La realidad es que en ocasiones, por la vida acelerada que llevamos, olvidamos el lado más cálido, más femenino de aquellas mujeres de antaño.

*Mientras los muchachos planean
lo que realizarán y lograrán,
las muchachas planean por quién
lo realizarán y lograrán.*
—Charlotte Perkins Gilman

M   En esta lucha por recuperar un lugar en la sociedad, la mirada masculina y nuestro poder personal, perdimos de vista nuestro mayor valor: nuestra feminidad; es algo que hay que recuperar. Deberíamos ser más femeninas en nuestra forma de vivir y de enfrentar la vida; de repente nos volvimos demasiado aguerridas, agresivas. Nos creemos las superwomen que todo lo podemos como una reacción a la sumisión de tantos años y eso no necesariamente nos llevó a un mejor lugar: por un lado queríamos que los hombres fueran caballeros, que nos apapacharan, pero a la vez nosotras mismas les íbamos quitando las ganas de hacerlo. Lo difícil, como con todo, es el equilibrio: vivimos en un mundo dual y pasamos de un lado a otro. Si eres demasiado «femenina» y quieres que el otro te solucione todo, estás fregada; pero si te vas al lado masculino y quieres hacer todo tú, también estás fregada. En ese péndulo es donde todas nos perdemos, y encontrar el justo medio es complicado porque también dependemos de nuestro entorno. Pero es una lucha que se puede ganar, obviamente: ser buena madre, esposa, amiga, sexy y femenina, no está peleado con la independencia y tener las riendas de la vida en las manos, no es sólo irte al extremo sino tomar lo bueno de ambos mundos..., porque SER MUJER es un privilegio.

Se han perdido muchos modales con esta lucha por la equidad de género; sí somos más groseras y nos queremos poner de tú a tú con los hombres. No creo que esta confianza esté mal, pero hay que saber con quién; es un asunto de educación que va más allá de una lucha de poder. Las mujeres tendríamos que retomar los modales femeninos, permitiendo que los hombres sean caballeros, pues a veces ni siquiera dejamos que se esfuercen en ello: nos bajamos antes del coche, cargamos cosas pesadas, ya no estamos acostumbradas a esos tratos. No está mal, pero tenemos que concedernos la ocasión de ser «mujercitas»: que necesitamos de su apoyo en distintos momentos, para que ellos lo vean también de modo distinto. En eso de ser malhabladas, tal vez no está mal si estás con alguien cercano a ti... Lo importante es sentirte libre, no sentirte juzgada.

Es difícil adaptarse a las nuevas generaciones; sin embargo, esa es la vida, ese es el mundo y te debes adaptar, tal vez puedes conservar cosas anticuadas que te *gustan y que disfrutas verdaderamente. Si hay que quedarse con algo del pasado, yo me quedaría con las mujeres femeninas, las que eran muy de casa y buscaban la forma de cocinar y cuidar a su familia, procuraría combinar esto con el hecho de que además trabajamos, unir esas dos partes para conservar una familia unida, que se sienta amada, hijos amados que se sientan apoyados por sus padres, que sientan que están presentes.*

Cuando una mujer se rinde
es porque ha vencido.
—Aldo Cammarota

Tips

- **Mujeres:** De todo eso que te dijeron que *tenías que ser*, toma realmente lo que te interesa, lo que quieres. Como mujer, como mamá, como ama de casa, como empleada, no te exijas demás. Aprende a soltar y a delegar.

- **Hombres:** Dense la oportunidad de conocer a su mujer, y no lo que les dijeron que tenía que ser. También bajen un poco las exigencias y expectativas.

2
Soy mujer
¡A mucha honra!

Yo no deseo que las mujeres tengan poder sobre los hombres, sino sobre ellas mismas.

—Mary Wollstonecraft

Autoestima

 adie puede dar lo que no tiene: es muy fácil decirte que trabajes en tu autoestima, que te debes amar a ti misma, pero nadie realmente te enseña cómo lograrlo. Vivimos en una sociedad en la cual todo el tiempo recibes descalificaciones; desde que eres una niña no sabes qué funciona para recibir aprecio o qué no, y te sumas a otros con tal de ser aceptada o te quedas sola en un rincón pensando que no vales nada.

Hay una única forma de reforzar tu autoestima y aprender a quererte a ti misma, y esa es mirar hacia adentro: la vida te enseña que en algún momento debes contemplarte; mientras tú no lo hagas, los demás no van a cambiar su percepción acerca de ti, porque el cambio se genera de adentro hacia afuera. En ocasiones aceptamos ser maltratadas o humilladas porque sentimos que lo merecemos, pero nada más alejado de la realidad: lo más importante como seres humanos es entender que lo que sí ameritamos es RESPETO; pero debemos trabajar en esto, darnos cuenta de que tenemos que estar conscientes de nuestra valía para exigir que los demás nos traten como requerimos.

A veces es difícil para el otro, quien sea —una compañera, una pareja, un jefe, una amiga, un familiar— aceptar que pongas límites: es todo un aprendizaje que «no» es «no» y que «sí» es «sí», porque muchas veces tenemos miedo de que al pronunciar esas palabras tan rotundas alguien deje de querernos. Lo importante es adentrarnos en nosotras mismas, saber qué deseamos, escucharnos y no minimizar nuestros anhelos o necesidades: valen tanto como los de los demás.

El camino es, como hemos dicho, la autobservación, darnos cuenta de qué pasa: por qué empezamos a sentirnos mal, por qué nos hacemos daño o permitimos que nos lo hagan, por qué ocupamos un lugar que no nos va…, etcétera; varias veces en lugar de escucharnos recurrimos al maquillaje, a la comida, las compras, la televisión o salimos con amigas, es decir, nos evadimos en lugar de conectar con nuestras emociones. No se puede transformar aquello de lo cual no se es consciente, es necesario entender que sientes desamor, celos, envidia o miedo, ya que todos tenemos una parte oscura y una parte luminosa, no somos perfectas ni estamos hechas de pura luz. El chiste es darte la oportunidad de sentirte, en toda la extensión de la palabra, porque solamente así comenzarás a transformarte, y esto te llevará a una mayor aceptación. Cuando logras aceptarte, empiezas a amarte.

Evito mirar hacia adelante o hacia atrás, y trato de mantener la vista alta.
—Charlotte Brontë

No hay amor sin aceptación; amarte con todo lo que eres es el mayor reto, siempre será más fácil querer lo que a nuestro juicio son nuestras virtudes: si tengo bonito cabello, si cocino bien, si soy muy simpática, si ayudé al vecino, si soy amorosa, etcétera. Es más cómodo y fácil aceptar la parte luminosa de no-

sotras aunque no la digamos en voz alta; pero nuestra parte oscura, nuestros defectos, esos ni los queremos voltear a ver, pero ahí están: celulitis, arrugas, angustias, miedos, tristezas, envidias; también somos todo eso. No somos perfectas porque nadie lo es, y aceptarte en tu totalidad requiere echarte el clavado interno, verte en todas tus dimensiones, en tu luz y tu sombra, porque sólo así irás descubriendo todo tu potencial, todas tus facetas y podrás aceptar aquellas partes de ti que no te gustan, podrás empezar a trabajarlas para llegar a amarlas, desde el amor más profundo, el de la compasión.

Ahí, justo ahí empieza el «milagro», porque cuando aprendes a amarte de manera incondicional, cuando tu autoestima crece, no sólo tú te sentirás mejor, más plena y empoderada, sino también, por consecuencia, comenzarás a respetar, aceptar y tener mayor compasión por los demás.

La autoestima se origina desde la niñez, la marca la familia y el entorno que tuviste. Muchas mujeres quienes fueron afectadas y no recibieron amor de niñas, piensan que así son las cosas, que es lo natural, que sentirse mal es parte de la vida; sin embargo, todas las mujeres merecemos un mundo mejor. Hay que tener el valor de pararse frente a un espejo y analizar quién eres, cómo te ves; obviamente, la mayoría no somos como nos dijeron que teníamos que ser, llega un momento en nuestras vidas en el cual tenemos que descubrir quiénes somos en verdad, nuestros talentos, nuestros traumas o heridas, para alcanzar el máximo potencial conforme a nuestras posibilidades reales, poniendo los pies en la tierra, el parámetro debemos ser nosotras mismas, no lo que se espera o lo que vemos afuera como estereotipos. Pararse desnudas frente al espejo puede ser un ejercicio duro y difícil, pero necesario, debemos comprender que tenemos que querernos no sólo por lo que somos, sino a pesar de lo que somos. Se trata de descubrir que si hay algo que no me gusta, tengo la maravillosa oportunidad de cambiarlo, es mi decisión dejar de ser una víctima y tomar las riendas de mi vida. En el momento en que te asumes y te aceptas, puedes transformarte en la mejor versión de ti misma.

Esta época es distinta porque ahora los padres somos conscientes de que es importante alimentar en nuestros hijos la autoestima, el amor propio, porque es una herramienta impresionante, importantísima, que te ayuda a salir adelante en la vida, en la jungla en que se puede convertir la existencia, pues hace que las ofensas, los insultos, los tropiezos no te peguen tan fuerte cuando sabes en verdad que vales y tienes la capacidad de luchar, defenderte... Muchas mujeres no tuvieron esta enseñanza, esta educación, este apoyo, tal vez porque sus padres no estaban conscientes de dárselos. Como mujeres, debemos romper esquemas, romper con la idea de que somos menos, que valemos menos, y saber que en realidad tenemos todo para sentirnos orgullosas de nosotras mismas: somos fuertes, podemos ser siempre mejores en todos los sentidos y tenemos esa capacidad; podemos ser bellas, guerreras, valorar nuestra vida, todo lo bueno, y también estar bien seguras de lo que no queremos y erradicarlo: quitarlo de nuestra vida. Tenemos derecho a amarnos, a ser felices, incluso a ponernos en primer plano en lugar de estar pendientes de todos los demás mientras nos relegamos. Por supuesto, cuesta trabajo, sobre todo si no lo aprendimos desde niñas; sin embargo, se trata de abrir los ojos y plantarnos.

Hay un ejercicio muy interesante y recomendable que quizá conozcas, consiste en pararse ante un espejo, tal vez en ropa interior o incluso sin ropa, observarte durante unos minutos y aceptarte, darte cuenta de qué cosas puedes cambiar, asumir que si le echas ganas puedes lograrlo y reconocer también tus limitaciones, tratando siempre de aceptar y amar el reflejo que estás viendo. Puede ser complicado enfrentarte a tu realidad, pero sirve para darte cuenta de que, si te amas, siempre va a haber alguien que ame todo eso que estás viendo, todo eso que eres en realidad. Amarte es un detonante para mejorar tu vida, mejorar en todos sentidos: interiormente, físicamente; entonces es importantísima nuestra autoestima; una autoestima elevada te da una calidad de vida elevada.

*Querer ser alguien más es desperdiciar
la persona que eres.*
—*Marilyn Monroe*

¿Qué mujer fui, soy, y me gustaría ser?

Todos los seres humanos pasamos por diferentes momentos y enfrentamos pruebas importantes que podemos trascender o no. La vida es una evolución constante en la que puedes elegir quedarte donde estás y seguir obteniendo los mismos resultados, continuar adelante o incluso retroceder para evaluar y elegir otro camino. Cuando tomas la decisión de asumir el proceso que tiene lugar en tu presente, hay que vivirlo, llorarlo, patalearlo y gozarlo, y entonces te darás cuenta de que la vida, al final, es sólo un proceso para encontrar la mejor versión de ti misma, una constante búsqueda.

*La peor soledad es no estar
cómodo contigo mismo.*
—*Mark Twain*

Con frecuencia, el viaje interior es el que más miedo nos da porque ante él no hay manera de engañarnos, ante ti no puedes hacerte la distraída: todas sabemos quiénes somos y qué tenemos dentro, reconocerlo nos cuesta bastante trabajo, sobre todo porque nos han enseñado que no se vale ser «mala», tener miedo, albergar sentimientos negativos o miserables. Reprimir todo esto puede llevarte a explotar y que te conviertas en el monstruo que nunca quisiste ser.

En este viaje interior es necesario mirar hacia atrás para reconocer quién fuiste, qué rescatas de esa etapa y qué no quieres ser o hacer. Los psicólogos afirman que infancia es destino, que nuestra personalidad queda definida antes de los siete años, pero la conciencia es la llave maestra que nos permite regresar a ese pasado y «redefinirlo», «resignificarlo» para entenderlo y modificar sus repercusiones en el presente. No podemos seguir a estas alturas quejándonos de lo que nos dieron o no nuestros padres, o lo injusta que fue nuestra niñez. El cambio viene y nace de ti si tú lo decides. Hay que evitar el camino de la victimización, porque las decisiones siempre son nuestras; es muy cómodo echarles la culpa a los otros, pensar que te hacen cosas, en lugar de entender que una también se pone en determinados lugares y que las relaciones, con quien sea, no son de una sola, se necesitan dos para bailar un tango, se necesitan al menos dos para iniciar una guerra. Aunque nos den miedo los cambios, siempre son necesarios para dejar de repetir situaciones que no queremos vivir.

Por eso, enfréntate a ti misma, aunque cueste y sea de lo más doloroso, sólo así podrás ver qué SÍ quieres de lo que has vivido, y qué NO quieres nunca más volver a pasar. Es importante aprender a viajar ligero, con el corazón lleno, y dejando atrás lo que ya no va.

A   La percepción de ti misma a lo largo de la vida obviamente se va transformando con las vivencias, con la madurez. De pronto escucho decir que la gente no cambia, yo creo que sí, que estamos en un cambio constante, y que afirmar «no, la gente no cambia» es una actitud mediocre y carente de ganas de mejorar. Cambiamos siempre, podemos transformar la percepción de nosotras mismas para bien: cada experiencia te da una oportunidad; podemos hacer muchísimos planes y tener sueños en distintas etapas, pero si eres consciente de que lo valioso es luchar para llevarlos a cabo, de que esta lucha es la que te hace aprender y crecer más allá del resultado, entonces tu madurez te hará desarrollar una percepción positiva, de aceptación acerca de ti misma, que seguirá cambiando, pero siempre para bien si crees en ti, si crees que puedes, si te esfuerzas.

Cuando vives la mejor versión de ti mismo, inspiras a otros a vivir la mejor versión de sí mismos.

—Steve Maraboli

El paso de los años, cómo llevarlo

Tu actitud a veces refleja tu edad o cómo te sientes al respecto. Hay personas que con los años se ponen mejor, otras no; hay mujeres jóvenes quienes desde chiquitas son señoras en su actitud física y en su arreglo; hay mujeres de noventa años que siempre van a ser jóvenes. La **ACTITUD** es la base de todo: descubrir el mundo a cada momento te mantiene joven la vida entera, porque cuando permites que tu mente se paralice, lo mismo ocurre con tu cuerpo, tus emociones y tus ideas. No se trata de luchar contra la edad sino de asumirla, como tampoco debes comprar todo lo que te dijeron que trae consigo, hay que luchar contra los estereotipos que nos vendieron, porque la realidad es que las reglas las pones tú. La edad no es más que un número; a veces está relacionada con el estado de ánimo: te sientes «joven» o «vieja» según lo que te esté pasando, o por algo que sucede a tu alrededor. Además, según el momento, los años te pesan o no, dependiendo si estás conforme con lo que eres o has hecho.

En cuanto al físico, el cuerpo es como una hoja de ruta: muestra lo que has vivido. Las arrugas, como tatuajes, ponen de manifiesto cuánto reíste, cuánto has gozado, llorado, cuánto has comido… Tu cuerpo cambia con el tiempo no sólo para hacerse flácido o para que se caiga lo que cae por la fuerza de gravedad; también va tomando formas distintas y a menudo adquiere una madurez maravillosa, como los vinos o los quesos. El problema es que siempre lo queremos perfecto, sin lonjas, sin marcas, sin celulitis, sin cicatrices, como en las revistas. Ser atractiva depende de la actitud, si vas segura y sintiéndote guapa es muy probable que el resto te perciba interesante y sexy más allá de los kilos, la estatura o la edad. Lo importante es aceptarte, aceptar el paso de los años, hacer lo posible para estar bien, lo mejor que podamos con respecto a nosotras mismas pero aceptándonos, mirándonos al espejo sin ser nuestras peores enemigas, sin decirnos: «estás vieja, eres una marrana, mira esta celulitis y estos granos». Di no al *sabotaje*. Si no crees que alguien te pueda amar con tus años, con tus arruguitas o tus lonjitas, entonces así será.

También hay que evitar a las personas que te hacen sentir insegura, no permitas que alguien te haga sentir poca cosa, que te digan que estás gorda, fea o avejentada.

*Alza tu cara al sol,
y no verás la sombra.*
—Helen Keller

Ahora, si piensas que tienes que cambiar algo, échale ganas, y si consideras que retocarte alguna parte del cuerpo te ayudará a sentirte mejor, hazlo también. Hay quienes, por ejemplo, sufren por cómo quedan los senos después de la lactancia y quieren recuperar lo que tenían; si es posible, se vale operarse, o hay quienes quieren hacerse un «arreglito» en la cara... Eso sí, necesitas bastante objetividad: que gente que te ama te diga cómo te ven realmente, que con honestidad expresen si necesitas lo que estás planeando, para que no termines con la cara jalada como si fueras a toda velocidad, o con apariencia tipo «La muerte le sienta bien», o con unos senos que parezcan sandías, y que no vayan con tu complexión. No todas las cirugías quedan bien; ojo con la adicción a ellas, una cosa es una manita de gato y otra la garra de un tigre... Créeme que se nota.

Lo cierto es que envejecer no se recibe como una fiesta; cuando te ves la primera arruga o cana casi te da un infarto, cuando ya no ves tan bien y te hacen falta unos centímetros en el brazo para leer y te da pena sacar los lentes, o cuando antes en tres días bajabas el sobrepeso y hoy lo haces en tres años, te quieres morir, pero esto es parte de la vida y hay que aceptarlo.

Es importante verse bien y no abandonarse, pero sin perder la dignidad, no volverse un bicho raro ni querer parecer de cuarenta a los setenta, ni de veinte a los cuarenta. Además, todos sabemos qué hacer para estar bien: alimentarse sanamente, cuidarse del sol, hacer ejercicio. La vida sana frena los estragos del tiempo, y para esto no se necesita tanto dinero, sólo voluntad.

Lo cierto es que los años tienen su encanto, te dan sabiduría, te enseñan, si así lo decides, a vivir con mayor placer, bajo tus reglas, más allá de los demás. Conforme pasan los años se disfruta más la vida y se valora lo que realmente importa en tu corazón.

A La belleza se lleva por dentro; hay etapas en las cuales te cuesta entenderlo porque te ves influenciada por todo a tu alrededor, o porque la gente constantemente habla de cómo debes verte, qué tienes que hacer para lucir mejor físicamente, pero no hablan sobre lo que tienes que hacer para sentirte bella por dentro. Esto se relaciona más con la autoestima, para lo cual en realidad sirven los ejercicios para verte, aceptarte y amarte, de esta manera puedes mejorar; pero sin duda no vas a lograrlo si no te amas, si no inicias un trabajo interior para dejar de juzgar a los demás, de señalar a otros, y también de atacarte, de sabotearte. Leer mucho y escuchar buena música tiene mucho que ver; busca que todo lo que te rodea sea lo más positivo *posible, ver o tener imágenes que sean espléndidas, salir a lugares bellos, hacer cosas que te agradan, que disfrutas hacer, juntarte con personas asertivas te enriquece, y todo esto de alguna manera tiene un efecto positivo, te ayuda a incrementar tu belleza interior y a transformarla, esto se verá reflejado en ti.*

Ahora, la belleza interior es importantísima, pero también es lindo tener un cuerpo con el cual te sientas satisfecha, una piel que te guste, saber que eres atractiva para otras personas, físicamente hablando, a través de tu mirada, del cabello... Indudablemente todos podemos lucir mejores, sólo es cuestión de querer; no se necesita tanto dinero para meterte a un gimnasio, tampoco debes comprarte las cremas más costosas, ya que una alimentación saludable y tomar agua, te ayudarán a verte bien. Estos son algunos hábitos que todos sabemos que ayudan a verse mejor físicamente, y también pueden cambiar tu actitud: simplemente salir a caminar a buen ritmo alrededor de tu cuadra, digamos unos treinta minutos, moverte algo es mejor que no moverte; ponerte protector solar, cuidar tu piel, es mejor que no hacerlo. Siempre puedes decir «hoy es el primer día», y cada vez estarás más cerca de tu meta. Todos sabemos que podemos vernos mejor porque es una realidad, nada más hay que DECIDIRLO.

*Una mujer tiene la edad
que se merece.
—Coco Chanel*

Integración del cuerpo, el corazón y el alma

E l cuerpo, el corazón y el alma deben estar en la misma frecuencia porque cada uno es parte de todo. No sólo es la belleza, puedes encontrar a una mujer guapísima, de esas que paran el tráfico, pero con una auto-estima por el suelo; mientras que otras, no tan bonitas, desarrollan otras cualidades y terminan siendo más atractivas (como esos hombres que no son tan guapos, pero te hacen reír y los ves hermosos). Con frecuencia, atrae más una mujer «normal» con gran actitud, que una bella quien sólo le ha puesto una máscara a su insegu-ridad.

*El primer amor de toda mujer
debería ser el amor propio.
—@candidman*

M *Nadie es bello para todos, los cánones de belleza son culturales y dependen de quien los califique, de ahí que más allá de la perfección física, lo que importa es la actitud. Si tu actitud es de autodestrucción y poco amor a ti misma, seguramente no vas a ser tan atractiva. Todo habla de ti: si una mujer está desarreglada, pasada de peso y descuidada, sólo será un reflejo de lo que está ocurriendo en su interior, sus emociones bloqueadas, su inseguridad, sus frustraciones y su insatisfacción. Por el contrario, cuando ves a alguien bien físicamente, por lo general es porque se siente mejor consigo misma. Lo exterior habla de cómo estás por dentro.*

Si bien es importante DECIDIR cambiar y trabajar en ti, hay ocasiones en las cuales la propia voluntad no alcanza, en las que no puedes contigo misma y caes en el exceso de comida o en algún otro comportamiento autodestructivo. Al margen de que quisieras detenerte, hay situaciones que requieren ayuda, ya sea de alguien en quien confíes o un profesional que pueda guiarte y ayudarte a salir del lugar en el que estás. Si no puedes sola, dilo, pide ayuda. ¡Se vale! Tienes que ver por ti, quererte y amarte.

A *Nosotras estamos hechas de un equilibrio entre cuerpo, corazón y alma, no pueden verse como partes* separadas. Cuando están en armonía en lo que quieren, se refleja en el cuerpo porque se afectan entre sí; el equilibrio tiene que ver simplemente con trabajar cada una de estas partes. Al acercarse a cada una, de alguna manera puede parecer que están separadas, pero no es así, cada una afecta a la otra como en efecto dominó: si toco una de manera positiva y trabajo con ella, esto se refleja en mi alma, en mi mente, en mi cuerpo y en mi corazón. Es cuestión de moverse e intentarlo.

*Una vez que aprendas a ser tú misma,
no vas a querer ser nadie más.*

—Isha

Ser vulnerables es parte del ser femenino

Nos han enseñado que ser vulnerables es parte de nuestra debilidad como género, y en algún punto lo creímos y luchamos contra nuestra propia naturaleza... Ser femenina también implica contactar con tu parte vulnerable, aprender a recibir amor. En este des-

pertar femenino varias cometimos el error de empo-
derarnos tanto que dejamos de mostrar nuestro lado
débil; pero buscando el equilibrio también es necesario
mostrar nuestras flaquezas, poder decir «te necesito»,
«no puedo con todo». De repente nos compramos la
idea de que solas podíamos con «el mundo», aunque
no sea verdad. A veces nos sentimos tristes, necesitamos contención no sólo de la pareja, sino de quienes
nos rodean. En este afán de independencia, a veces
ni siquiera dejamos que nos apapachen, y somos nosotras mismas las que ponemos límites a los demás
cuando quieren darnos amor o ayuda, por ese afán de
autosuficiencia parece que no necesitamos de nada ni
de nadie, aunque por dentro lo deseemos y hasta nos
quejemos de las situaciones. Bajar la guardia y dejar entrar en nuestro mundo a quienes valen la pena,
mostrar nuestras partes vulnerables y debilidad puede
ayudarnos a contactar con nuestra parte femenina:
hay que recordar que todos necesitamos de los demás. En nuestra vulnerabilidad también radica parte
de nuestra fortaleza.

A   Las mujeres somos vulnerables; pero como seres
humanos, más allá del género, todos tenemos partes
sensibles, que pueden ser heridas. No somos superpoderosas, nos tenemos que dar la oportunidad de dele-

gar y pedir ayuda; a veces crees que lo puedes todo, y es cuando más posibilidades existen de que en algún punto te des cuenta de que no es así. Entonces necesitas decir: «A ver, no soy superpoderosa y necesito un respiro», eso nos ayuda a no volvernos locas, a no desquitarnos con nadie por la frustración que sentimos al percatarnos de que no podemos hacer todo a la vez o nos equivocamos en algo. Si no delegamos, no pedimos ayuda y aceptamos que no somos superpoderosas, podríamos vivir una crisis fuerte, capaz de hacerle daño a nuestra familia, a nuestro trabajo, a nuestro entorno, pero principalmente a nosotras. Debemos aceptar nuestros límites, y por otro lado, no depender del mundo, como aquellas mujeres que quieren que los demás les resuelvan la vida; no se trata de eso, eres fuerte y capaz de bastantes cosas. Cuando luchas por lo que quieres, por poco que sea, percibir que empiezas a tener resultados te hace amarte un poco más y sentirte importante y valiosa; en cambio, si esperas a que los demás te resuelvan los problemas, podría suceder que quienes lo hagan quieran pasar por encima de ti, o después te exijan algo a cambio; es preferible crear un equilibrio.

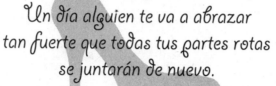

Un día alguien te va a abrazar
tan fuerte que todas tus partes rotas
se juntarán de nuevo.

—Anónimo

La mirada del otro y nuestra mirada sobre los demás

Todos somos espejos de los demás, y los demás son nuestros espejos. Las experiencias que compartimos y la gente que elegimos para tener alrededor también habla de quiénes somos. Así que debes estar muy segura de quién eres para que la mirada del otro no sea la que te defina, ya que habrá alguien con malas intenciones o quienes al proyectar sus propios miedos e inseguridades puedan herirte; aunque esas personas tengan un papel muy importante —sean quienes sean—, debemos ser capaces de no ser vulnerables a esos juicios negativos, esos que intentan definirnos para mal, creando una mala percepción nuestra. Debemos enfocarnos a toda costa en conseguir que nuestro estado de ánimo y felicidad no dependan de la mirada externa, aunque sea complicado, ya que a veces le damos a otros —pareja, amigo, familiar o cualquiera— el poder de ponernos una etiqueta que tal vez no nos represente, pero igual la tomamos y la hacemos nuestra porque no tenemos la fortaleza para discernir si nos identifica o no. Por eso, primero debemos definirnos a nosotras mismas, tampoco es fácil pero no imposible; una siempre, en el fondo de su corazón, sabe quién y cómo es.

Nosotras debemos determinar quiénes somos, nadie más; no podemos darle ese poder a nadie, pues a partir del autoconocimiento y la autoaceptación podemos escuchar las palabras de los demás para mejorar, o hacer oídos sordos a los que no aportan nada en nuestro beneficio.

Hoy puedes ver las neblinas de tu vida como obstáculos o como oportunidades; la decisión es tuya.

—Anónimo

A veces quisiéramos ser «moneditas de oro» para que todos nos quieran, y en ocasiones somos capaces de hacer lo que sea con tal de lograrlo pero, hagas lo que hagas, jamás podrás darles gusto a todos, además de que el desgaste por complacer puede terminar con toda tu energía. Cuando aprendes que quien está contigo te va a amar y aceptar como eres, y que los cambios vienen de ti y no porque el otro te los imponga, empiezan las verdaderas transformaciones en tu persona. La mirada ajena es importante porque no somos personajes que van solos por la vida, vivimos dentro de familias, comunidades y sociedades que actúan en interrelación con los demás, pero no puedes basar tu vida en sus juicios, debes tener los pies en la tierra, saber quién eres, cuánto vales, cuánto necesitas trabajar en ti. La vida se trata de aprender todos los días y de ir «redescubriéndote», porque hoy eres de una manera y mañana serás de otra, la verdad es que no hay eternos... siempre vamos cambiando.

Además, cuando una persona habla de otra sólo está revelando su propia visión de mundo, sus palabras son una proyección de sí misma: «Dime de qué presumes y te diré de qué careces». Hay gente que todo el tiempo está juzgando, analizando, criticando a los demás, creyéndose tal vez superiores cuando todos somos vulnerables y tenemos inseguridades. Aunque resulte complicado, no puedes darle a alguien más la responsabilidad de tu felicidad ni de tu identidad. A ti te toca construirla.

El otro no te hace infeliz o feliz..., tú eres infeliz o feliz según hayas trabajado en tu amor propio y según sean los «lentes» con los que decidas ver la vida.

La mirada de los demás afecta en la medida en que una lo permita; de nuevo, cuenta bastante el nivel de autoestima que tengas, a veces te sientes juzgada, a veces eres motivo de cierta observación, pero puedes dejar esto de lado y seguir luchando y esforzándote.

Si le das demasiada importancia a la opinión de los demás, o te preocupa de qué manera te perciben, y no prestas la misma atención a lo que tú piensas, entonces podrías hundirte e ir directo a la depresión. Si las cosas no salen como quieres, debes entender que es tu existencia, es tu camino y tú eres la protagonista; si los demás están tratando de vivir tu vida, tienes que hacerles ver que ellos ya tienen su propia historia y deben dejarte vivir la tuya.

Como mujeres hay que apostar a ser felices, y es lo que debemos hacer; puede sonar muy trillado pero cada quien necesita buscar su felicidad de la forma más correcta que le parezca. Debemos apostar a todo lo que queremos y luchar por esto; apuesto a decir SÍ a lo que me gusta y NO a lo que no quiero, a aprender a decir SÍ y NO en el momento correcto. Se vale reír más, se vale disfrutar más con los cinco sentidos; a eso le apuesto.

Las mujeres felices son las más bonitas.
—Audrey Hepburn

El *multitasking* femenino

*L*as mujeres somos infinitamente hábiles para encargarnos de varias tareas a la vez; los hombres, en cambio, tienen una dirección muy clara en su cabeza y son buenos para hacer una cosa en cada ocasión. Cada quien tiene distintas capacidades: ellos son más visuales, nosotras tenemos mejor manejo del lenguaje, ellos perciben mejor los espacios completos y nosotras somos mejores para los detalles; son diferencias anatómicas y funcionales del cerebro. Los hombres no tienen esa capacidad cerebral de hacer más de una cosa a la vez y, como nosotras sí podemos, con frecuencia somos muy exigentes con ellos y queremos que sean iguales; por ejemplo, si queremos que nos digan que nos aman mientras ven la tele o hablan por teléfono, será difícil, o si ven la aspiradora al pie de la escalera y esperamos que la suban por iniciativa propia la realidad es que no lo van a hacer espontáneamente, tenemos que pedírselos. Es así, ni modo.

Esto a veces genera una batalla en las parejas, con frecuencia asumimos que hay cosas que deben saber, entender y queremos que sucedan, pero no es así porque no está en su naturaleza.

Las mujeres tenemos una gran capacidad para resolver cosas, realizamos varias actividades a la vez y lo hacemos bien, somos capaces de estar trabajando, hablar por teléfono con una amiga y contestarle a un hijo cuánto es 9 + 8 + 19, y volver a lo que estábamos haciendo. Tenemos la capacidad de salir y entrar en mundos alternos, lo que es muy benéfico y nos hace muy productivas.

Pero la contracara de esta realidad femenina de poder hacer veinte cosas al mismo tiempo es que a ellos en ocasiones les puede resultar incómodo, porque los hace sentir inútiles, disminuidos. Nosotras ya sabemos que podemos con más cosas que ellos y eso les pega en su autoestima, porque les exigimos que funcionen de la misma manera cuando en realidad no pueden, no está en ellos.

Otro de los riesgos es creer que podemos manejar todo cuando en realidad no es así. Bajo el lema de «Yo puedo, yo puedo, yo puedo...», queremos ir a la actividad en el colegio de los niños y a la junta de trabajo y al salón y hornear un panqué y a tomarnos el café con la amiga y... y... y..., finalmente terminamos actuando compulsivamente y volviéndonos locas bajo una exigencia altísima. Intentamos sacarle setenta y dos horas a las veinticuatro que tiene un día, nos presionamos solitas para realizar millones de cosas, incluso a la vez, con tal de hacer «rendir» el día, y ¿qué resulta? Dejamos de gozar cada momento, porque no es lo mismo preparar tranquilas un pastel que hacerlo contestando preguntas de la tarea, hablándole al jefe, siendo enfermera del vecino y además marcando a la veterinaria del perro.

Por eso, lo que deberíamos hacer es buscar momentos de exclusividad en los que no estemos en mil cosas al mismo tiempo, por ejemplo: el cine o un concierto, cuando te concentras sólo en lo que está pasando y ni siquiera miras tu teléfono, puedes gozarlo al máximo. Busca estos momentos al menos una vez por semana y vas a ver qué rico se siente.

A Todas somos multitask; se dice que nuestro cerebro está diseñado para eso, que no necesitamos concentrarnos tanto en una sola cosa como los hombres, para quienes, a ratos, lo demás no existe; podemos hacer varias cosas a la vez y, en ocasiones, incluso tenemos la necesidad de encargarnos de más tareas que los otros. Sin embargo, aunque es una ventaja, también debemos concentrarnos y enfocarnos en lo más importante; el hecho de estar en distintas actividades nos genera cierta distracción de momentos o situaciones en los que convendría poner más atención.

Es ridículo asumir el trabajo de un hombre sólo
para poder decir que una mujer lo ha hecho.
La única razón decente de abordar una tarea
es que sea tuya, y que tú quieres desempeñarla.
—Dorothy Sayers

El rollo de castrar a los hombres

Durante generaciones las mujeres hemos sido resolutivas: era casi imposible pedirle a tu pareja que te ayudara con los niños enfermos o con la comida, tampoco comprando la medicina o con los asuntos del hogar. Sólo que las cosas cambiaron, ahora varias mujeres trabajamos —sea cual sea nuestra labor— e ingresamos dinero al hogar, la economía está dividida y el hombre queda en un lugar extraño porque entonces no sólo resolvemos todo lo de la casa, sino que además aportamos; el equilibrio se rompe, y tal vez empezamos a sentir que no es justo. Ante esto podemos cometer el error de castrar a nuestros hombres, al no darles espacio para mostrar su forma masculina de resolver, ya que en cuanto queremos algo y ellos no lo hacen de inmediato, ¡zas!, vamos, lo hacemos nosotras, y ellos comienzan a sentirse un poquito inútiles...

Antaño era muy claro que la mujer se dedicaría al hogar y el hombre a trabajar, no había más opción, pero en la actualidad cada vez somos más quienes trabajamos y somos independientes, así que no necesitamos a un hombre para que nos mantenga, sino porque deseamos estar con él, porque elegimos su presencia y compañía, no por su manutención. Esto ha requerido también un ajuste para ellos, el que nosotras los necesitáramos les daba una identidad. Por eso, aunque suene tal vez a receta de abuelita, al hombre tienes que decirle y hacerle sentir que lo necesitas, despertar y alimentar en ellos su instinto de cuidarte y protegerte, respetar sus tiempos para hacerlos sentir útiles y darles su espacio. ¿Cuántas veces evitamos que vengan a ayudarnos cuando chocamos el auto, y luego les reclamamos que no nos hacen caso, o nos quejamos porque no tenemos tiempo para nosotras, pero si van ellos al súper les echamos en cara que compraron mal? Sobran ejemplos así y son responsabilidad nuestra, porque queremos ser «rescatadas» pero no dejamos que nos «rescaten»; no les dejamos espacio para que nos resuelvan nada y ellos se sienten castrados y fuera de lugar. Por eso, cuando él quiera ayudarte en algo, aunque tú puedas hacerlo sola, déjalo. La única forma de que un hombre se sienta valorado por su pareja es que nosotras le demos ese valor: todo hombre **necesita sentirse necesitado** pero sobre todo admirado. Dales su espacio y déjalos ser HOMBRES contigo.

Mujeres y hombres tenemos derecho a buscar el éxito, a luchar por ser mejores en el área que sea. Los hombres muestran una capacidad cada vez mayor de admirar a una mujer, más madurez para apreciarla y valorarla, e incluso echarle porras si es exitosa; sin embargo, todavía queda por ahí parte de un machismo, que no ve bien a una mujer triunfadora, y tampoco ayudan las inseguridades de los hombres.

Tenemos que ser suficientemente sensibles para no utilizar esto en algún punto y humillarlos o hacerles menos, simplemente, a veces, no han tenido lo que se necesita, sea suerte, estar en el momento correcto, tener la preparación adecuada o haber aprovechado una oportunidad; y si es así, no podemos echárselos en cara. Es importante hacerles entender que no por eso eres más que ellos, no puedes y no debes minimizarlos ni restarles valor como personas. Tan sólo son etapas, si ésta es larga y dura tu éxito, maravilloso; pero debes darte cuenta de que la vida es una rueda de la fortuna, y un día nos tocará a nosotras admirar a nuestros hombres y ser quienes echemos porras, o tener menos éxito, y no pasa nada, eso no nos hace mejores o peores, lo importante es aceptarlo. Además, si tenemos una oportunidad de ser exitosas debemos valorarla y luchar por seguir así.

El hecho de que seas feliz, de que te ames y luches por tus sueños no significa que excluyas a los seres que amas, al contrario, alguien que te ama y a quien amas disfruta verte feliz y realizada.

La mejor manera de sostener a un hombre
es en tus brazos.

—Mae West

Que no muera tu mujer interior

*L*as mujeres, en este afán de ser y estar siempre para los demás, tendemos a perdernos de nosotras mismas, de repente nos damos cuenta de que dejamos de arreglarnos, de estar motivadas, porque toda nuestra parte femenina está en función del otro. Incluso nuestra mujer interior se está muriendo y lo peor es que ni siquiera nos damos cuenta; si nuestra pareja no está seduciéndonos, conquistándonos, comenzamos a olvidarnos de nosotras mismas porque creemos que nuestro hombre es quien nos otorga valor como mujeres, y llega un día en el que nos miramos al espejo y descubrimos que hace años que no nos pintamos el pelo, que nos aparecieron unas lonjas que no teníamos, que no nos hemos depilado las piernas y pensamos que ya no estamos bonitas para él, cuando en realidad deberíamos estar bonitas para nosotras mismas. Cuando muere nuestra mujer interior, tal vez resulte visible por fuera, pero lo más triste es que está muerta por dentro: un día nos damos cuenta de que nos levantamos y hacemos las cosas automáticamente, ya sin sentir las ganas de vivir, porque buscamos motivación en lo exterior y nos perdimos sin darnos cuenta, y nos preguntamos cuándo fue la última vez que hicimos algo para nosotras, que fuimos al salón, que salimos a tomar algo, a ver una serie con una amiga, o a darnos un masaje.

Cuando te percatas de esto entiendes que lo verdaderamente importante es estar «cachonda» pero contigo misma, no sólo en un sentido sexual sino también sintiéndose plena al estar contenta con quien eres y disfrutando momentos para ti sola. Suena banal, pero el solo hecho de llevar ropa interior bonita, aunque nadie te la vea, habla de que te sientes bien contigo, que estás en tu piel, linda para ti; ponerte una suave crema o un *shampoo* que hace que tu cabello huela bien, arreglarte las uñas o ponerte una mascarilla en la cara, te lleva a conectarte con tu parte femenina, hace que te den ganas de mirarte al espejo y buscar algo que te satisfaga. Porque a todas nos ha pasado, tenemos momentos en que ni al espejo nos queremos ver, ¿no es cierto? Además, si para tus ojos no luces bien, ¿cómo pretendes que el resto del mundo te vea?

En ocasiones ni siquiera nos damos cuenta de que estamos «depre», ni estamos conscientes de nuestras emociones, además varias de las tareas de las cuales nos encargamos: lavar ropa, trastes, barrer, tender las camas, tejer, hacen que nuestra vista apunte hacia abajo y neurológicamente esto genera sentimientos depresivos; cuando miras hacia abajo, a tu cerebro le llega la señal de que estás triste, y si lo estás puedes terminar en una depresión profunda. Así que cuando camines o estés en el transporte o en el coche, mantén horizontal la mirada, pon énfasis en las cosas buenas que te rodean.

Hay que alimentarse de las cosas hermosas de la vida: sentir el pasto en los pies descalzos, el sol en tu piel, la mirada amable de un desconocido, ver una mariposa; aunque lo hayamos escuchado mil veces y nos parezca gastado, estas cosas te conectan con la vida. Si estás triste o deprimida, en lugar de poner una canción que te arrastre al lodo, pon una que te haga cantar y bailar, que te conecte con tus emociones positivas para resucitar a tu mujer interior, quien tal vez, sin que te dieras cuenta, estaba agonizante.

Vive, despierta de nuevo tus cinco sentidos, rescátate. No permitas que tu mujer interior muera. Enamórate nuevamente de la vida y de ti.

A Gracias a lo que tenemos las mujeres de maternal o de codependientes, nos dedicamos a los demás, a que sean felices, y nosotras nos hacemos a un lado. Tenemos que llevar a cabo con frecuencia un acto de conciencia, un análisis y preguntarnos: ¿estoy feliz conmigo?, ¿tengo lo que quiero, lo que necesito?, ¿me están apapachando lo suficiente?, ¿estoy disfrutando también? Porque si te entregas a atender a tu marido, a tus hijos, a tu trabajo, y te vas a olvidar de ti, ¡por lo menos hay que gozarlo!, no sentir que todo lo que haces es por obligación y entonces quejarte. Varias sueñan con un matrimonio, un esposo, unos hijos, un trabajo, y cuando los tienen, si no los disfrutan no vale la pena ese anhelo. Hay que hacer ese balance y vivir con alegría cada una de estas etapas; si te organizas bien en cada área, con cada cosa con la cual soñabas, vas a disfrutar vivirte como mujer, pero debes también hacerte un tiempo para lo más importante, que debes ser tú, porque si no eres feliz tampoco vas a hacer felices a tu marido o a tus hijos, ni lo serás en el trabajo.

No hay como sentirte bien contigo misma. Cuando ves tu imagen en un espejo y te sientes bella no sólo notas una diferencia en tu actitud, la gente también lo nota. Entonces haz cosas que disfrutes, que ames; si te gusta un vestido, póntelo, no esperes a que llegue la ocasión especial, la fiesta, el evento, si hoy quieres y necesitas sentirte más bella, haz lo que tengas que hacer, arréglate como te gusta, ve al salón de belleza, al gimnasio. A lo mejor con un día de trabajo físico no vas a notar un cambio radical, pero el simple hecho de esforzarte por verte mejor modifica totalmente lo que piensas.

No puedo ser la mujer de tu vida porque ya soy la mujer de la mía.

—Grafitti

Nuestra parte masculina

*L*a dualidad es parte del ser humano, hombres y mujeres llevamos en el interior nuestro propio par de fuerzas, masculina y femenina, yin y yang en constante flujo y reacomodo; a ratos somos más activas y decididas, a la manera de un hombre, y en otros momentos somos reservadas e íntimas, tiernas y pasivas. En ellos también pasa, aunque los sentimientos y las emociones no son algo a lo que acostumbren dedicar tiempo; sin embargo nosotras podemos reconocer cuándo están dejando fluir su lado femenino, sin dejar su masculinidad característica, su hombría.

Me gusta ser mujer, incluso en un mundo de hombres. Después de todo, ellos no pueden usar vestidos, pero nosotras podemos llevar los pantalones.
—Whitney Houston

La parte masculina de las mujeres es esa fuerza que todas tenemos y que no siempre sacamos: es lo que nos lleva a salir a la calle, buscar un trabajo, ser independientes, estudiar, pensar, tener opiniones propias. Como todo, desarrollarla en extremo y perdernos en ella no es benéfico. Sin que tenga nada que ver con la orientación sexual, las mujeres que se cargan más hacia su parte masculina, terminan convirtiéndose en hembras alfa, llegan con demasiado ímpetu a imponerse y pueden llegar a intimidar a hombres y mujeres por igual. No obstante, desarrollar la parte masculina *tiene ventajas: uno, te permite tomar las riendas de tu vida en tus manos, aunque debemos tener cuidado, porque llevadas al extremo podemos volvernos insoportables e incluso conducirnos a una profunda soledad si nos convertimos en una «control freak»; y dos: además de entendernos mejor, podemos manejarnos bien en los mundos formados en su mayoría por hombres. Esto es una gran ventaja al permitirnos tener mejor empatía con ellos.*

Podemos aprovechar nuestra parte masculina para sentirnos guerreras y no limitarnos, pero también para acercarnos un poco más a los hombres y ponernos en sus zapatos a fin de entenderlos mejor. La parte masculina nos ayuda a aceptarlos y también nos hace sentir fuertes, incluso físicamente; tenemos que estar en contacto con ella y utilizarla en lo que haga falta para dejar de sentirnos frágiles, para saber que siempre podemos resistir más, y en ciertas circunstancias para sentir y ser un poquito como ellos, de modo que no nos afecten tanto las cosas: a veces la sensibilidad de mujer nos lleva al drama y, sin embargo, ese lado masculino, el aspecto de ellos más en el desmadre, más suelto, de no tener tanto miedo, es algo a lo que tenemos que aferrarnos en muchos momentos.

Algunas de nosotras nos estamos convirtiendo en los hombres con los que quisiéramos casarnos.

—Gloria Steinem

Tips

Aprende a amarte, pues nadie te amará mejor que tú. ¿En qué parte de tu vida no te estás amando?, ¿cuándo te pones de tapete?, ¿cuándo dejas que te maltraten?, ¿cuándo aceptas agresiones? No permitas más nada de eso... ¡Cambia!

3
El cambio y el miedo:
déjalos entrar

El cambio es la única cosa en el universo
que no cambia.
—Helmut Wilhelm

¿Cómo manejar el cambio?

Hoy en día se dice que las personas más inteligentes son las que logran adaptarse a los cambios con facilidad; también, que la Tierra está vibrando a una frecuencia más alta y que por eso todo pasa más rápido. Es algo que sentimos todos, que el tiempo vuela, y del mismo modo los cambios se han acelerado.

En las últimas décadas, las transformaciones que vivimos las mujeres han sido radicales: todo inicia a partir del voto femenino en los cincuenta y la píldora anticonceptiva en los sesenta, por lo tanto tenemos más de sesenta años de habernos posicionado en otro papel; increíblemente, estos logros y otros más siguen floreciendo en el transcurso de lo equivalente a una sola vida, es por esto que ya no nos podemos atar a nada.

El budismo habla de impermanencia: nada es para siempre, ni lo bueno ni lo malo, y siempre que enfrentes una crisis debes recordar que son oportunidades que la vida te da para llevar a cabo reformas, porque lo que tenías ya no funciona.

Nuestros cuerpos se han adaptado a las modificaciones en el medio ambiente, la alimentación, etc. El mundo no tiene nada que ver con lo que era hace menos de un siglo y las innovaciones llevan un ritmo cada vez más vertiginoso, cuando esto sucede, con lo único que realmente cuentas es contigo…, así que tienes que volver a casa: **volver a tu corazón**.

Por las características de la época actual, todos debemos ser flexibles, a la manera de las palmeras ante un huracán: si se mantuvieran duras como un roble, se quebrarían; las palmeras se doblan pero no se rompen.

*El tiempo no se inclina ante ti;
tú te has de inclinar
ante el tiempo.*
—Proverbio ruso

Si hoy no eres flexible, estás perdida. Es una condición indispensable para sobrevivir y avanzar en un mundo lleno de cambios, en el cual se construye un nuevo paradigma. Lo que hoy es, no sabes si será mañana: la medicina alópata se encuentra en crisis y varias formas de curación alternativa están en boga, incluso las religiones entraron en una crisis que nadie imaginó que tendría lugar. Las estructuras se están cayendo, ya nada es fijo; esto nos lleva a tener que contactar más con nuestra propia naturaleza. Es hermoso vivir en esta época, a veces el caos nos da pánico, pero si estamos atentas y día con día dejamos permear estos cambios, podremos disfrutar estas nuevas formas de vivir.

Las mujeres debemos ser más flexibles, en ocasiones tenemos una tendencia a desear que todo suceda tal como nos gusta, en el momento en que queremos, mientras que al ceder ante la postura del otro, nos damos cuenta de cuán maravilloso es que las cosas fluyan a otro ritmo, porque a veces hay que adaptarse a algunas cosas aunque no nos gusten tanto, abrirnos a nuevas formas de pensamiento e innovadoras vivencias, así que necesitamos dejar atrás nuestra tendencia a ser caprichosas, a ser «control freak».

Entender al otro, voltear a vernos y comprender que todos somos uno, que todos somos lo mismo, nos hace frescas y flexibles. Esta época justamente nos permite tener esa conciencia; es como si fuésemos agua y no hierro, como éramos antes; nos vamos moldeando e integrando a todos los cambios y momentos que hay hoy en este «nuevo mundo».

A He vivido muchos cambios de empleo, casa, situación sentimental, y la mayoría son difíciles. A veces estamos seguras de que tenemos que soltar y tomar un rumbo distinto, y aun con la certeza de que cualquier otro camino será mejor, sentimos miedo. Hay que aventarse, arriesgarse, saber que en verdad esta frase, aunque muy trillada, de que EL TIEMPO PONE LAS COSAS EN SU LUGAR Y CURA TODO, quiere decir que por más preocupadas que estemos acerca de un cambio, sin duda el paso del tiempo nos dará tranquilidad y razón acerca de que valía la pena intentarlo.

*Vivir una vida ya es en sí un privilegio,
pero vivirla en un cuerpo femenino
es un regalo divino.*

—Redes Lunarias

Soltar, fluir, dejarlo ir

Es complicado entender que hay que soltar las viejas formas de pensar, sobre todo cuando estamos convencidas de que si algo funcionó en el pasado, tiene que seguir funcionando por siempre. En el mundo de hoy ya no hay garantías; nada es eterno, todo tienes que trabajarlo. Bien dicen que «Nadie se baña dos veces en el mismo río». Todas cambiamos todo el tiempo, por eso debemos abandonar lo que ya no nos pertenece y ocuparnos de lo que sí funciona, adaptarnos a lo nuevo, ya sea en tecnología, trabajo, pareja, amistades, relaciones personales. Nada se puede dar por seguro, debes forjar tu camino todos los días.

*Cierre, clausure, limpie, tire,
oxigene, despréndase, sacuda,
suelte.*

—Paulo Coelho

M Antes era más fácil porque había un camino trazado: si eras universitario tenías un trabajo seguro, si te casabas «tenías» amor para toda la vida; si eras mujer, tu realización eran los hijos. Como ya no es así y hoy existen varias opciones y caminos distintos, tenemos que ir tras lo que queremos porque ya nada es un hecho. Debemos dejar ir lo que no nos sirve y tomar lo nuevo, sea bueno o malo, entendiendo que todo pasa.

Además, la vida te va enseñando poco a poco que, aunque no quieras, tienes que aprender a soltar porque aferrarte puede hacer mucho daño: no todo está en tus manos, y el desprendimiento va acompañado de la aceptación de que en este momento tus manos quedan libres para recibir algo más. A VECES DEBES METERTE EN LO MÁS PROFUNDO DE TI Y SIMPLEMENTE ¡SOLTAR!

A Para continuar con la vida lo mejor es liberar eso que nos da miedo soltar, pero sabemos que tenemos que hacerlo; hay que aprender a romper las cadenas que nos atan a situaciones que no nos gustan, que nos lastiman, en las que a veces simplemente estamos estancadas. De verdad, el pasado no son más que recuerdos, hay que dejarlo ir, tanto lo bueno como lo malo, todo es aprendizaje. El pasado no es un sofá en el que debes sentarte a vivir y a observar; ya quedó atrás y tienes

> que dar el paso HACIA ADELANTE, y aunque esto te dé temor, si tienes una buena actitud es probable que lo que viene sea mejor que lo que ya viviste.

Dios, concédeme serenidad para aceptar las cosas que no puedo cambiar, valor para cambiar las cosas que sí puedo y sabiduría para reconocer la diferencia.
—Oración de la serenidad

¿Qué hacemos con el miedo?

El miedo es algo natural, nunca va a desaparecer, pero podemos intentar controlarlo; negarlo no sirve, hay que aceptarlo y enfrentarlo pero sin alimentarlo ni permitir que nos paralice. Se dice que los valientes son los que más miedo tienen, pero son también quienes saben manejar mejor sus emociones. Además, el orgullo que nos da enfrentar nuestros miedos hace que encaremos la vida de manera diferente, permitiendo sentirnos más poderosas.

Vivimos en una sociedad regida por el miedo, empezando por las religiones y las estructuras de poder, ya que mientras más temor existe se ejerce más control. Hay un miedo positivo, el de la supervivencia, pero cualquier otro te paraliza, disminuye, contrae, te contacta con emociones negativas: depresión, tristeza, frustración, angustia. Todos hemos vivido periodos de miedo y es algo complejo porque resulta difícil salir de ellos: aunque intentes respirar, trascender el temor y estar en paz, no lo logras; lo único que realmente te saca del pozo del miedo es el amor. Se dice que el amor y el odio son opuestos, pero la dualidad auténtica está entre el amor y el miedo.

El miedo sólo obstaculiza tu vida, te paraliza. Puedes sentir miedo incluso cuando te enamoras, cuando te relacionas con los demás; a veces, cuando todo anda bien, alguien te dice «disfrútalo, porque esto no es para siempre», o llega una relación buena a tu vida y piensas que algo malo va a ocurrir porque no puede ser todo positivo. Estamos condicionadas por historias de abandono, desamor, desprecio, humillación; tenemos varias heridas y somos susceptibles; nuestro reto es curarlas. Pero claro, la vida es como una cebolla, y cuando arreglas una capa aparece otra más profunda y hay que ir «quitándonos estas capas, porque en todas hay un aprendizaje».

Existen varios miedos, por ejemplo, el miedo al compromiso: Te dices a ti misma: «Esta vez sí va a funcionar, esta vez sí voy a poder» y resulta que no..., no es tan fácil como creías porque el miedo actúa y no te permite amar. Esto se replica en el trabajo, la familia, las amistades. Una reacción igualmente perjudicial es el miedo al rechazo, por lo cual te mantienes solitaria, generas barreras, prefieres no exponerte. Hay gente que por miedo dice NO, y en algunos casos ganan peso porque la gordura aleja a los demás, genera una distancia física que te protege y te evita salir lastimada. Lo importante es, en primer lugar, ser conscientes de esos miedos para poder vencerlos y atreverte a enfrentarlos. ¿Cómo? Siendo compasiva contigo, retomando tu amor propio y tu fuerza interior.

Entrar al camino del amor implica volverse vulnerable, bajar las defensas, decir: «ahí voy»; «me echo de clavado», «voy a vencer mis limitantes». Esta es una entrega que siempre vale la pena.

A El miedo te limita en todo sentido, te ata, te encadena, te hace dudar. Debes aprender a enfrentar tus miedos: todas los tenemos, todas sabemos que el temor nos ahorca y nos corta las alas, le tememos incluso a aceptar y darnos cuenta de que no estamos en la posición correcta o en el lugar donde nos gustaría estar.

Se vale tener miedo, pero también se vale aprender a soltarlo y aventarse. A veces el temor a equivocarnos es el que nos frena, pero tenemos que entender que es mejor equivocarse sabiendo que podemos vivir algo increíble.

Por lo tanto, el miedo al peligro
es diez mil veces más terrible
que el propio peligro.
—Daniel Defoe

Miedo al fracaso

E l miedo al fracaso laboral es un clásico. La seguridad que genera mantener el estatus, la comodidad, es algo que todos conocemos, pero es sabio el dicho «El que no arriesga no gana», y es así porque dicha seguridad es una mentira, nadie tiene nunca nada garantizado. Es algo que nos cuesta entender, creemos que lo controlamos todo, pero no es verdad.

El fracaso es, además, un aprendizaje. Cuando te avientas a cambiar, a buscar algo distinto, puede ser que primero te encuentres con una piedra enorme; seguramente la que siga será más chiquita porque ya tuviste un aprendizaje, y así se irán achicando en esa área hasta que todo fluya. Tal vez en un ámbito distinto te encuentres otra piedra grande, pero ya sabrás cómo enfrentarla. No todos los cambios son positivos desde el principio, pero arriesgarse a modificar una situación en la que no estás cómoda es una ganancia. Los fracasos son la puerta al éxito: te fortalecen para que cuando las cosas finalmente se den, estés preparada.

Sólo una cosa vuelve un sueño imposible: el miedo a fracasar.

—Paulo Coelho

Rétate cada día

Pregúntate siempre qué puedes hacer mejor. Lo peor es quedarte en la zona de confort —algo que todas en algún momento hacemos—, porque en ella no haces magia. La zona de confort es lo que te resulta fácil; esta puede ser positiva o negativa, como un matrimonio, una amistad o una carrera que no te hace feliz. Para salir de esa situación y realmente hacer magia, primero tienes que detectar en qué área de tu vida no eres feliz, en que ámbito las cosas no están funcionando. Aunque debemos tener cuidado de no ser absolutistas y decir que somos infelices en todo, porque seguramente hay áreas en las que sí estamos satisfechas con nosotras mismas, y no amerita que hagamos cambios.

El éxito les parece lo más dulce a aquellos que no alcanzaron el éxito.

—Emily Dickinson

Siempre nos acomodamos a lo rico, a lo que nos da confort, pero es fundamental que busquemos el movimiento. La vida es una aventura, todo pasa muy rápido, por eso hay que aprovechar lo que se presenta, y si no se presenta nada, ve y búscalo, vas a sentir un mundo de sensaciones novedosas que valen la pena, aunque funcione o no lo que decidas hacer o arriesgar, siempre obtendrás un aprendizaje. Búscate un reto, puede ser que estudies algo nuevo, que cambies de trabajo, que pruebes una comida desconocida, que vivas una experiencia extrema, que hagas trabajo solidario, cualquier cosa que nunca hayas hecho y quieras probar.

Hay retos pequeños tan válidos como los más exigentes, a veces queremos hacer cosas demasiado ambiciosas sin valorar los pequeños logros; hay que ser realistas sin subestimarse. Los retos pueden sorprenderte acerca de lo que eres capaz; hay que atreverse y de ahí en adelante liberarse y disfrutar más de la vida, dejando atrás los temores, porque estos pueden amarrarte a la infelicidad.

Así que lánzate a la búsqueda de nuevos horizontes; no te quedes estancada, recuerda que el agua estancada huele mal, en cambio la que fluye está siempre fresca.

*Al visualizar, trae al presente
la felicidad que te produce llegar a la meta.
—Tomado de Twitter*

Cada meta, a corto o a mediano plazo, por pequeña o inalcanzable que parezca, es un motor para seguir en la vida, para disfrutar. Con cada meta, con cada sueño por el que luchamos se pierde ese miedo a equivocarnos, nos damos cuenta de que vale más la pena vivir la vida así que con el temor a fracasar. Siempre será mejor arrepentirse de lo hecho que estar volteando todo el tiempo hacia atrás, diciendo: «¡cómo no lo hice!, ¡cómo no lo probé!, ¡cómo no lo intenté!, ¡cómo no le hablé!» Me parece súper injusto, la vida es una y tenemos que romper con esos miedos y aventarnos; más vale decir «me acuerdo» que «me imagino». Afrontar el miedo es vivir.

*Cuando anhelamos una vida sin… dificultades,
recordamos que los diamantes nacen bajo presión.
—Peter Marshall*

Drogas, alcohol, pastillas: ¿ayuda real o felicidad artificial?

Todas necesitamos espacios para relajarnos, pero caer en el extremo del alcohol, cigarros, comida, pastillas o estimulantes es otra cosa. Las adicciones son una puerta falsa que da a la oscuridad y es necesario cuidarse. Si te das la oportunidad de buscar en ti las fuentes de alegría, no necesitas consumir nada. Además, el problema que tienen los momentos de felicidad instantánea que otorgan las adicciones es que luego causan un enorme vacío y necesitas volver a consumir el estimulante para sentir de nuevo esa plenitud, y cada vez un poco más, porque lo que consumías en un principio ya no te alcanza. La cuestión es saber qué vacío emocional estás llenando con tu conducta; se trata de mirarte con honestidad y preguntarte qué emoción estás tapando con la actitud autodestructiva, sean drogas, alcohol o comida; con frecuencia es tristeza, enojo, miedo, ansiedad, el fracaso de una relación amorosa...

Hay gente que requiere drogas legales porque su cuerpo requiere cierta sustancia, pero a menudo se tapan problemas con estas pastillas; en lugar de trabajar internamente el asunto, se receta un chocho y listo. Estamos viviendo en un tiempo muy light, en el cual pretendemos solucionar todo por el camino más fácil, consumiendo lo que sea para poder dormir, para estar menos angustiadas, deprimidas, ansiosas o estresadas; son una especie de sedantes del alma con los cuales nada te importa, nada te duele, nada te hiere; pero realmente la vida no es eso y sentir también lo malo —ahondar en lo que está pasando— es parte fundamental para resolver el problema de raíz.

No hay nada más hermoso que vivir en tus cinco sentidos. La gente que necesita consumir algo para divertirse o subsistir se pierde del regalo de vivir en plenitud.

Ahora, lo que es importante detectar es el grado de adicción. Si aún es manejable por ti, prueba ir tomando conciencia de los momentos que te llevan a consumir lo que utilices como escape y busca sustituirlo por otra actividad, por ejercicio, por cuidarte más, y cuando la adicción te rebase, lo primero es aceptar que la tienes y lo segundo es pedir ayuda «a quien más confianza le tengas» o a un especialista. La decisión de tener una mejor calidad de vida es tuya.

A Todos sabemos desde jóvenes que los estimulantes no son felicidad real y palpable, en momentos a lo mejor ayudan a desconectarte, pero estamos conscientes de que hacen daño, a corto o largo plazo. A no ser que vayas a un médico que se dedique a atenderte, y en caso de que tengas algún problema físico o necesites sustituir algo que te falta: alguna sustancia a nivel cerebral que requieras y el psiquiatra decida ayudarte, pues es innegable que debes hacerlo, sinceramente la gran mayoría podemos ser felices y salir adelante sin necesidad de ningún medicamento o drogas o alcohol, sobre todo si no hay una necesidad médica de por medio.

A veces hay dolores y fracasos o errores tan grandes que incluso dan ganas de no seguir adelante, en esos momentos tienes que buscar rodearte de puras cosas bellas, que te hagan feliz. También vale la pena recurrir a alguien más o buscar la ayuda de un psicólogo o un psiquiatra, hay que darse esa oportunidad de probar algo diferente, saber que no son fracasos, simplemente son experiencias.

Serías una fracasada si no lo hubieras intentado, simplemente se trata de enseñanzas, y son oportunidades para empezar de nuevo, hacer otros intentos; es cierto que hay ratos en que sientes que la vida no tiene sentido, pero cuando recuerdas que hubo distintos momentos que ya pasaste, de los cuales te recuperaste y saliste adelante, es cuando abres los ojos y luchas.

Una persona es interesante aunque no consuma cigarrillos, alcohol y drogas.
—Marilyn vos Savant

Ambición y dinero

En una sociedad consumista como la nuestra, pareciera que el dinero te da la felicidad, que cuánto tienes dice cuánto vales, pero estamos en un momento de cambios, y otra conciencia está surgiendo. Hay mujeres que gastan miles en una bolsa o unos zapatos y creen que eso les da identidad (y está bien si las hace felices), pero para otras más no tiene ningún valor. En ocasiones, la persona que te está preparando una quesadilla en la calle te dice justo lo que necesitabas escuchar o tiene un gran valor para ti, porque te comunicaste a otro nivel. Estar abierta a estos «regalos que la vida te da» es más importante que una cuenta bancaria.

Por supuesto que el dinero ayuda a estar bien, a pasarla bien, a que las cosas sean más fáciles en el día a día, y para conseguirlo necesitas ambición, trabajar duro y llegar a un lugar, a una meta. Todas tenemos intereses y sueños; la ambición también es un motor cuando se toma como algo positivo, porque en caso contrario conseguir tus intereses puede llevarte a pisar a los demás, a venderte, a traicionar. Ten cuidado porque todo vuelve, y si te manejas en esos términos, todo puede volverse en tu contra. Lo que he aprendido es que cuando encuentras tu pasión, eso que harías hasta «gratis», poco a poco vas destacando y desarrollando nuevas habilidades que te pueden

*hacer sobresalir en un área, y por tanto generar más...,
así que entrégate a lo que te apasiona, prepárate y sal
al mundo con la seguridad que te da hacer las cosas
que brotan del corazón.*

*Es bueno ser ambicioso, pero sobre todo si una
puede vivir de momentos buenos y rodeada de amor y
cosas positivas... Se vale tratar de encontrar un mejor trabajo, tener una mejor vida, una mejor situación
económica; la cosa es no obsesionarte con el dinero,
no clavarte con que si ahora no tengo lo material, no
voy a estar bien y no voy a ser feliz. Esta es una época
súper materialista y tenemos que darnos cuenta de
que no vale la pena todo. Hay quienes van sintiendo
vacíos en su existencia y quieren llenarlos con objetos: coches, ropa, casas, y cuando se dan cuenta de
que en realidad no es lo más importante, se dejan a sí
mismos, se abandonan; así que hay que tener mucho
cuidado con esto.*

*Hay también varias tendencias y modas para sentir-
te bien, para verte bien; sin embargo, no tenemos que
ser tan fijadas y darnos cuenta de que no son necesa-
rias, lo que realmente debemos asumir es una buena
actitud, saber qué es lo que nos gusta y nos hace bien,
más allá de lo que estén haciendo los demás.*

*La ambición es un vicio, pero puede
ser madre de la virtud.*

—Quintiliano

¿Qué es el éxito?
Una definición personal

Hay gente que mide el éxito en dinero, casas, viajes, coches y joyas; cuando en realidad, de lo que se trata es de SENTIRSE FELIZ. Esto no quiere decir que tengas que serlo en todos los ámbitos de la vida, pero cuando tienes plenitud, cuando dejas de renunciar a cosas importantes para ti, puedes decir que lo has alcanzado. Hay que evitar perder las cosas fundamentales para nosotras, las que nos mantienen con una sonrisa.

Es triste ver a alguien que sólo posee dinero y cree que eso es todo, pero no tiene nada más. Tu mundo puede ser más exitoso si está lleno de afectos, un mundo en el que tú te sientas contenta con lo que eres.

Es mejor vivir la vida que soñarla.

—Tomado de twitter

M   El éxito es sentir que lograste lo que anhelabas, alcanzar tus sueños. Sea lo que sea: una familia, un trabajo, una meta personal; cuando de verdad lo alcanzas, estás satisfecha. El problema es que a veces no sabemos saborearlo o siempre queremos más, por eso tenemos que parar y ver que somos más exitosas de lo que pensamos, y también tenemos que darnos cuenta de que los sueños no llegan solos, hay que «trabajarlos», hay que ir tras ellos. Para mí el éxito tiene que ver con mi mundo de afectos en el cual atesoro a gente maravillosa que forma parte de mi vida, en especial a mis hijos. No puedo evitar al verlos sentirme una mujer exitosa.

A   El éxito es cumplir un sueño, un deseo, y puede ser de cualquier tipo, laboral (generalmente se relaciona en ese sentido) o personal. Pero si no estás bien personalmente, no puedes disfrutar un éxito laboral, tiene que haber un equilibrio.

El impulso para dejar atrás el miedo al éxito o al cambio radica en la fuerza espiritual, intelectual y también en la capacidad de aguantar, porque a veces una lucha sin capacidad de resistencia hace que pronto te des por vencida, pero se puede decir que es una cuestión de amor propio. Dejas atrás ese miedo cuando en verdad aprendes que si no haces algo, si por lo menos no lo intentas, no vas a saber nunca si eres capaz de lograrlo o no. Hay que tener esa mentalidad de triunfador.

El éxito consiste en obtener lo que se desea.
La felicidad, en disfrutar lo que se obtiene.
—Ralph Waldo Emerson

¿Éxito igual a soledad?

Puedes ser exitosa como mamá o en la sociedad y eso es muy bien recibido, pero hay hombres a quienes aceptar tu éxito profesional les cuesta un poco de trabajo, porque están acostumbrados a una sociedad en la que el hombre es quien tiene éxito, dinero y todo. Es más, algunos te querrán «cobrar» eso: no se acercarán a ti y no podrán estar contigo, pero lo que necesitas no es ese tipo de hombre, sino otro que te respete y te acepte con todo lo que eres, porque no te hace más o menos mujer el que tengas éxito profesional, simplemente estás realizada y eso te hace más feliz a ti. Es mejor tener a tu lado a un hombre en quien su seguridad no radique en su puesto o su chequera, sino en él mismo.

Cuando el éxito va de la mano con lo laboral, a veces la soledad es inevitable, porque en general hay limitaciones con respecto a la familia, los amigos, la pareja; se vuelve una fijación y una lucha por conservar el lugar que tienes, lo que has conseguido, y hay que hacer sacrificios. Uno es no estar de tiempo completo con las personas que quieres, o no poder estar en los momentos en que quisieras, no estar conectado a otra cosa más que a tu trabajo. En el éxito, si tú no eres la que empieza a decir «no», a poner límites y ajustar tus tiempos, a soltar la ambición o el miedo a perder lo logrado, por lo general terminas sola o pasas varios momentos de soledad, ese es el riesgo. Depende también de lo que quieras, hay gente que tiene éxito porque es adicta al trabajo.

Cuando te das cuenta de que has alcanzado el éxito que querías en el aspecto económico, de fama o aceptación, pero no hay con quién compartirlo, saborearlo, platicarlo, sea amistad o amor, entonces ya no es éxito, a no ser que de verdad disfrutes estar sola. El éxito real sería alcanzar un equilibrio, es decir, no irte hacia un extremo por completo, menos en lo laboral.

Todo depende de cómo administre cada quien su

éxito. Hay mujeres que se dedican a trabajar todo el tiempo y descuidan lo que está a su alrededor, pareja, familia, hijos, ellas mismas; están en la cima y se sienten solas, y obviamente así es, pero esto les da oportunidad de ser exitosas. Si el éxito tiene que ver con la inteligencia, pues también debería servir para darnos cuenta de que no querer estar solas es una decisión personal, y hay que intentarlo.

El éxito no es la clave de la felicidad.
La felicidad es la clave del éxito.
—Albert Schweitzer

¿Qué con la tecnología?

No te quedes atrás en cuestiones tecnológicas. Las cosas pasan muy rápido y si no estás al día, luego es más difícil entender lo nuevo.

La tecnología es una realidad de este *momento histórico* y está en todas partes y en todo momento. Las redes sociales y la comunicación vía internet han modificado la manera de comunicarnos y relacionarnos, y surgen varios cuestionamientos: ¿esto nos acerca o nos aleja de los demás, nos sirven para mejorar la convivencia o la imposibilitan?, ¿qué sucede con la privacidad, tenemos derecho a investigar en las redes sociales de nuestros seres queridos?, ¿se vale estar conectado todo el tiempo, hay que poner reglas de uso, cómo evitar que nos aparten de la vida cara a cara, de las conversaciones en persona, de reconocer las emociones de los demás en sus gestos y compartir a la vez nuestros sentimientos?

En una sociedad como la nuestra es impensable vivir sin tecnología a tu alrededor, sin un teléfono inteligente o una red social que te mantenga comunicado. Esto es increíble porque te permite estar en contacto con la gente importante para ti, más allá del lugar en el que se encuentre, pero como todo, tiene su lado positivo y su lado negativo. Si lo usas de manera positiva, un chat equivaldría a la paloma mensajera que llegaba a un balcón con un mensaje, lo cual te permite estar cerca de quien no tienes a tu lado... Por otra parte, si se vuelve una obsesión y no puedes dejarlos ni un segundo, impide la comunicación con quienes tienes cerca, la intimidad, las conversaciones, las miradas..., hasta la posibilidad de tocar a otro...

¿Y qué decir del «stalkeo»? Nada más destructivo en una relación que andar desconfiando del otro, exigiendo fotos de dónde está, audios, o usando aplicaciones de ubicación, checando conversaciones ajenas... En pocas palabras, metiéndose en la intimidad de los demás, invadiendo su privacidad.

Usar la tecnología para esto puede llevarnos a la obsesión y destrucción de la relación de pareja, amigos, padres e hijos. Emplearla como un medio más de comunicación, afecto, integración, es excelente.

A Los beneficios de la tecnología son infinitos, sin duda facilitan la vida, aunque también se vuelven una adicción. Una trabajaba en horas de oficina y ahora la oficina está en todos lados, lo cual te quita tiempo para estar con tu gente, convivir, apapacharlos, verlos a los ojos. Ahora la mayoría estamos un tanto contaminados de esto. La tecnología nos sirve para salir de apuros y también para acercarte a otras realidades, para explicarlas a tus hijos y a la vez aprender más una misma, pero sin que se vuelva una adicción que te aleje de tu gente. Tristemente, a veces le damos más importancia a los gadgets y a la tecnología que a quienes amamos, así que hay que tener cuidado porque lo que se pierde, con frecuencia, no se puede recuperar.

Cuando se nos otorga la enseñanza
se debe percibir como un valioso regalo,
y no como una dura tarea, aquí está
la diferencia de lo trascendente.
—Albert Einstein

Tips

- Piensa en algo que harías hasta gratis para que aflore en ti un sentimiento que te genere pasión y ¡hazlo!

- Medita.

- Busca hacer pequeños cambios en tu vida cotidiana: vístete o péinate de forma diferente, estudia algo que te parezca una locura, busca un libro que quizá nunca hubieras leído: tal vez encuentres un nuevo camino.

- Actualízate en todo lo relacionado a la tecnología, redundará en beneficios en todas las áreas de tu vida.

4
Entre mujeres...
Amigas y enemigas, iguales y diferentes

*Tal vez nuestras amigas son nuestras almas gemelas
y los hombres son sólo gente para pasarla bien.*
—Candace Bushnell, Sex and the City

¿Femenina o feminista?

El Diccionario de la lengua española define feminismo como: *doctrina social favorable a la mujer, a quien concede capacidad y derechos reservados antes a los varones.* Aunque la polémica se inicia en la Edad Media, adquiere relevancia en la segunda mitad del siglo pasado cuando muchos hombres aún no tomaban en cuenta a la mujer, ganaba menos, no podía votar en muchos países y estaba relegada a sus actividades hogareñas. Este conjunto de ideologías políticas, culturales y económicas tienen como objetivo la igualdad de derechos entre hombres y mujeres. Gracias a la influencia del movimiento feminista, se han conseguido logros de trascendental importancia como la igualdad ante la ley o los derechos reproductivos, entre otros muchos.

Si bien el movimiento cumplió su función, ahora resulta un tanto pasado de moda, sobre todo porque en gran medida nos llevó a renunciar a nuestra parte femenina, pero hoy nos toca recuperar justamente eso: nuestra esencia y equilibrio.

De igualdad de habilidades surge la igualdad de esperanzas en el logro de nuestros fines.
—Thomas Hobbes

Lo de hoy es ser femenina, no feminista; las feministas en su momento abrieron camino y nos hicieron tomar conciencia de nuestros derechos; a los hombres les hicieron notar que podíamos exigir legalmente un trato igual, que en una oficina no se nos pagara menos (aunque esto sigue sucediendo), podemos votar por nuestros dirigentes o en otras áreas, ser más independientes, etc., esa parte tenemos que agradecerla; sin embargo, no tiene sentido ser feminista en esto de «me bajo y no necesito que me abras la puerta», «no tienen caso los detalles de ningún hombre», «no necesito nada de ellos»; porque, finalmente, somos energías que se complementan. Ser femenina es algo que en ocasiones olvidamos, y es parte de nuestra naturaleza. Nosotras tenemos energía lunar, tenemos energía de tierra, somos receptoras, incluso anatómicamente lo somos en el acto sexual. Lo nuestro es contener, unir, dar calor, hacer hogar (aunque vivas sola).

Ser femenina habla también de nuestra parte amorosa, tierna, de dar, de manejarnos en un mundo de emociones, de esta capacidad de seducción y misterio que nos envuelve, del sexto sentido que poseemos y que nos hace ser únicas; contactar con todo esto es una gran experiencia y vivirlo es una bendición.

Femenina antes que feminista, sin duda, porque ser femenina es todo un concepto en el arreglo, en la actitud, y serlo no te quita lo divertida. No tiene que ver con aparentar que seas una lady o que seas perfecta, sino con ciertos detalles. Una mujer femenina se quiere a sí misma y esto va más allá de si eres guerrera o no, liberal o no; tiene que ver con quererte, con cuidarte en todos los sentidos, más allá de cómo te veas; incluso a veces puede ser un asunto de apariencia, pero no se trata de ropa ni de maquillaje, sino que hay cosas que reflejan que una mujer se quiere. Feminista es para mí alguien que incluso muestra cierto rechazo a los hombres, o tiende a menospreciarlos; la mujer femenina entiende que no somos iguales, y que se vale preocuparse por una misma. Feminista me suena a egoísmo puro con su posición de «no me importa lo que tú, hombre, me digas». También es una percepción sobre cómo te ven los hombres, una actitud. Insisto, podemos ser guerreras; no traer encima la tienda de maquillaje ni llevar siempre taconcitos, medias y vestido, y aun así ser femeninas. Tiene que ver hasta con la gracia y la forma de expresarnos, pero no está limitado a cómo te ves o cómo hablas; es una cuestión de amor propio.

Yo estoy del lado de ser femenina, lo feminista me parece un exceso e incluso hasta agresivo hacia el sexo opuesto, es la versión del machismo sólo que en mujer;

me gusta más ser femenina porque implica cosas positivas para una, y además nos hace más atractivas; tiene que ver con tu arreglo, que te veas linda. Obviamente apoyo a las mujeres, respaldo sus intereses, sus gustos, y defiendo ser justa con todas.

La revolución feminista ha convertido a la mujer en ese tipo de hombre que a mí me entristecía cuando era joven, ese que tenía que trabajar de nueve a cinco de manera aburrida y nunca era dueño de su destino. Ahí es donde acabó su revolución, su asalto al poder.

—Norman Mailer

Rivalidad o solidaridad entre mujeres: la amiga enemiga

A menudo las mujeres no nos apoyamos entre nosotras; deberíamos cambiar esa actitud y entender que cuando a una mujer le va bien no sólo se beneficia ella, sino que abre una puerta para las demás.

Como género, a veces somos poco solidarias y rivalizamos entre nosotras; un hombre podría tener la misma posición destacada en un trabajo, pero cuando una mujer la alcanza decimos «hizo algo más», «seguro abrió las piernas», «con quién se estará acostando» o «qué chambitas hace». Hay que ser más solidarias, porque si una mujer logra posicionarse y abrir una puerta, tú puedes ser quien siga, o la próxima generación, tu sobrina o tu hija, y ese apoyo no sólo debe darse en el ámbito profesional, sino en todo. Por otro lado, en la doble intención que caracteriza a nuestro lenguaje (decimos una cosa y pensamos otra), caemos en la hipocresía, mientras que los hombres son más frontales, pueden decir: «me caes pésimo pero lo arreglamos»; nosotras podemos decir «qué bien te ves» cuando pensamos lo contrario. Sería mejor no decir nada: si no te gusta mi look, no lo digas; si no te gusta cómo actúo, está bien; siempre tenemos una opinión, pero si no es positiva para qué decirla, a menos que tú la preguntes o la otra quiera saberla, tendemos a ser muy criticonas hacia otras mujeres. En un hombre perdonamos el deterioro físico, pero si en una mujer vemos panza, canas y arrugas, la expresión inmediata es: «¡ay!, ¿ya viste cómo se descuidó?», y esto no puede ser.

Por otro lado, pueden molestarnos los triunfos ajenos: «la envidia es un deseo no cumplido». Me parece una definición clara que refleja nuestra propia insatisfacción, pero hay que evitarla: a veces se cree que alguien sólo tiene suerte, sin ver el trabajo que hay detrás, ni los méritos propios que la llevaron a lograr lo que tiene. Digamos que tienes una buena familia y alegan que todo se debe a que tienes un buen marido, pero hay que ver si en verdad lo es; porque todo es trabajo, ni existen las buenas esposas ni los buenos maridos al 100%; las relaciones se «trabajan», y más bien esto tiene que ver con la idealización, porque quisieras tener algo igual a la otra, pero o trabajas para tenerlo o lo aceptas en el otro. Cuando me preguntan cuál es mi secreto para hacer tantas cosas: telenovelas, teatro, libros, familia, etc., contesto que la clave es el 7-11, es decir, me levanto a las 7 y me duermo a las 11, o sea, hay que darle de 7 a 11. Se envidia al otro sin saber el esfuerzo que ha invertido. Siempre tienes una opción, tú decides si trabajar o no, si alcanzas tus metas, tus sueños, si tomas un reto o no; es decir, con base en esto construimos nuestro destino, vamos en un camino en el que tomamos decisiones: si quieres tener lo que otra tiene, trabaja para obtenerlo definiendo tu propia manera de lograrlo.

A Cuesta trabajo generalizar, porque tiene que ver con la personalidad y las inseguridades de los demás: o te atacan o te aplauden. Cuando los demás entienden que el triunfo de una mujer nos coloca a todas en una mejor posición, se alcanza otro nivel y eso es increíble, aunque genere envidia en quien no está segura de lo que es capaz, en quien no disfruta lo que hace o no se esfuerza por mejorar su realidad. Veo mujeres que hacen trabajos que antes eran propios de los hombres y lo celebro, una mujer que tiene éxito abre un camino a las demás, no viene a quitar nada porque nadie te quita un espacio que no es tuyo, que no has construido. Deberíamos celebrar el éxito de cualquier mujer, en cualquier área: lo personal, lo laboral, lo económico; yo lo celebro. Ciertamente hay rivalidad entre mujeres, pero precisamente por insatisfacción, porque cuando estás satisfecha y feliz con lo que haces, no envidias lo que tienen las otras.

Combatimos la rivalidad y reforzamos la solidaridad al darnos cuenta de que todas sumamos, el hecho de ver a una mujer exitosa no nos disminuye, al contrario, nos hace sentir orgullosas de ella, aplaudiéndonos entre nosotras.

La amistad entre dos mujeres comienza
o acaba por ser un complot contra una tercera.
—Jean Baptiste Alphonse Karr

Misoginia femenina, ¿cómo enfrentarla?

Hay mujeres que llegan a tratarte utilizando sólo su energía masculina: es tanto su rencor hacia las demás que se vuelven muy agresivas. Son como machos con falda, llevan su misoginia al extremo y te reprimen, controlan, aplastan, no te dan oportunidad para crecer. Hay que cuidarse de ellas porque son resentidas y tienen malas intenciones, generan miedo y respeto como abuso de poder. Mejor tenerlas lejos, no intimar.

Las mujeres de mundo nunca utilizan expresiones duras al condenar a sus rivales. Al igual que los salvajes, lanzan flechas elegantes, decoradas con plumas de color púrpura y azul, pero con puntas envenenadas.

—De Finod

He vivido esas situaciones, sobre todo con jefas y es un horror, porque aunque hablen de «comprensión», y hasta se muestren cariñosas, intentan aplastarte y hacerte sentir su poder y jerarquía en todo momento. Sienten tanta rivalidad que tienes que cuidarte de ellas, alejarte porque no van a cambiar, van a comportarse incluso como machos con falda (no hombres, porque hay hombres que respetan). Eso es lo peor que te puede pasar: te presionan, te cazan, no te dejan crecer, no te dejan ser tú y corres peligro, pueden despertar tus inseguridades, hacerte pasar un mal momento y entorpecer tu desarrollo. El mejor consejo es: cuanto peor te traten, tú más amable, se trata de que *la visualices y la pongas al mismo nivel que tú, para dejar de darle tanta importancia a lo que dice; así les rompes el esquema, pues estas mujeres están acostumbradas a aplastar a otras que sienten como posibles «competidoras».*

Depende de la historia que hayas vivido. Tiene que ver con la inseguridad: se odia y se codicia por insatisfacción, y quizá en el fondo se admira y se quisiera ser como la otra persona. La misoginia es frustración, incluso podría ser envidia encubierta y admiración a la vez, el deseo de estar en otros zapatos.

No hay mayor infelicidad que mirar a otros y compararte... porque siempre que lo haces parece que te falta algo: estás más gorda o más flaca, ganas más o menos, eres menos inteligente o menos capaz... Como se dice: «el pasto del vecino siempre será más verde». En todo caso, si vas a compararte, que no sea para ver lo que te falta sino las bendiciones que has recibido, lo que tienes que agradecer, porque siempre va a haber alguien que quisiera estar en tus zapatos cuando tú quisieras salirte de ellos, o que desearía lo que tienes y no te das cuenta. Mira al costado para valorar lo que posees.

Es algo difícil porque ya es cuestión de personalidad, educación, y sin duda al sentir que una mujer te está agrediendo, que te minimiza por el sólo hecho de ser mujer, lo único que provoca es que estemos lejos de ellas; en realidad, más que enfrentarlo tendríamos que ignorarlo. No vamos a vivir dando explicaciones a toda la gente de lo que somos, no tenemos por qué justificarnos; si hay una mujer que te rechaza por ser mujer, porque eres exitosa o linda o te va bien, pues lo mejor es que se te resbale, darte la media vuelta y «con permiso».

Misógino: un hombre que odia
a las mujeres tanto como ellas
se odian entre sí.
—H. L. Mencken

El flagelo de los chismes: cómo lidiar con eso

Desde que somos niñas pedimos la aprobación de nuestros padres, amigos, familia. Siempre nos afecta lo que dicen los demás, pero nuestra felicidad no depende ni de lo que otros hablan ni de lo que esperan de nosotras.

Lo que uno inventa los otros aumentan.

—*Swift*

Hubo un tiempo en el que me afectó muchísimo la opinión de los demás, quería ser aceptada y amada por todos y por eso quise ser la linda, la que siempre toleraba y comprendía, hasta que llegó un punto en el que dije «no puedo; mi felicidad no va a depender de lo que los demás digan o quieran que sea». Si tratas de adaptar tu vida a lo que otros dicen de ti, te advierto que no hay manera de satisfacer a todo el mundo, porque cada quien va a esperar cosas distintas de ti.

Lo que debes hacer es voltear hacia tu interior y ver qué quieres, quién eres y crear un caparazón para que lo que piensen o digan los demás no te afecte. Lo que diga el otro será tomado siempre como una opinión que puedes o no compartir, así lo debes manejar.

Cuando la gente habla de ti por detrás, debes intentar que no te importe porque no puedes ir por la vida aclarando que tal cosa pasó o no. Además, aunque lo hagas, es probable que no te crean porque es tu verdad contra la del otro, hay que aprender a soltar, permitir que los demás hagan sus comentarios y dejarlos pasar aunque sean dolorosos. De todas maneras, es mejor saber con quién cuentas y con quién no: cuando encuentras que una amiga no era tal o que un familiar o compañero de trabajo o tu mundo no era lo que tú pensabas, pues nada más fluye, porque no puedes darle al otro el poder de que te haga sentir mal o menos o herida; es más, hay que agradecer «conocer a los bueyes con los que aras». No dejarás de relacionarte con esas personas, sino que realmente sabrás dónde estás parada y quién es quién a tu alrededor.

Lo importante en la vida son los hechos, a «las palabras se las lleva el viento», los hechos son los que realmente hablan de ti. «La mentira tiene patas cortas» y con el tiempo se sabe la verdad. No te enganches con los chismes, es tiempo perdido.

A Es inevitable caer en ellos; ser el objetivo de los rumores o los chismes. Mientras no se haya visto ni haya prueba de lo que se dijo o hizo, no existe, porque si te dejas llevar por información sin valor, cambiará tu impresión acerca de alguien que podría aportar algo a tu vida. Así que si no compruebas eso que se dice, no le prestes oído.

Por otro lado, si eres el blanco del chisme, todo caerá por su propio peso, todo se acomodará con el tiempo. No puedes vivir justificándote ante los demás pero, cuando alguien importante para ti te pide una *aclaración de un chisme, tienes que hacer una pausa y decirle la verdad; si es alguien que ni te importa ni te afecta, déjalo pasar, aunque no sea fácil; si es una persona que significa algo para ti, busca la forma de acercarte, y si lo requiere, dale una explicación Si no eres lo suficientemente fuerte y no te sientes segura de ti misma, te harán daño, te desestabilizarán, te debilitarán y no vale la pena. Quien cuenta chismes de otros está hablando peor de sí mismo que de los demás, pero como te decía: el tiempo se encarga de poner todo en su lugar.*

Hagas o no hagas, la gente siempre hablará, ¿cómo hacer para que no te afecte? Pues así: dándote cuenta de que más allá de lo que digan, bueno o malo, tienes que amarte y ser fiel a tus pensamientos, emociones, y de verdad no debe importarte lo que comenten. Tú eres la protagonista de tu propia vida, y cuando otros quieran opinar o cambiarte, deben entender que son los protagonistas de la suya; no son quienes con palabras o ataques cambiarán tus opiniones o tu mundo. Es difícil que no afecte, pero con el tiempo y la madurez, llegará el momento en el que te darás cuenta de que no importa, debes vivir tu vida.

Si quieres saber qué tan lejos viajan los chismes, sube a la azotea con una almohada de plumas, ábrela y deja que el viento se lleve las plumas. Entonces ve y encuentra cada una y trata de rellenar la almohada.

—Rebecca Pidgeon

El papel de las amigas

Las amigas somos vitales en la vida de cualquier mujer, somos un clan. Las amigas con quienes puedes ser tú, son la base: hay solidaridad y no juicio… El mejor regalo que podemos tener las mujeres es una buena amiga. Vale la pena alimentar las amistades, darles tiempo, y no cometer el error, cuando empezamos una relación, de hacerlas a un lado para centrarnos sólo en nuestro hombre. Es importantísimo que les demos espacio, aunque sea una vez al mes, por semana, cada que puedas: la amistad entre mujeres es un tesoro entrañable.

Hay muchos tipos de valentía. Hay que tener un gran coraje para oponerse a nuestros enemigos, pero hace falta el mismo valor para hacerlo con los amigos.

—J. K. Rowling

M   *Las amigas son vitales para cualquier mujer: con ellas creamos un lugar para el esparcimiento, la risa, para compartir lo bueno y lo malo que nos pasa, nuestros procesos, lágrimas, risas. Los encuentros entre mujeres son lo mejor que te puede pasar porque se genera una gran profundidad en las pláticas, nos «terapeamos», nos contenemos. En las charlas entre hombres nunca dicen: «¿cómo te sientes?», siempre es «¿qué haces?»; nosotras sí lo hacemos, nos metemos al corazón, lo escudriñamos con mil palabras más que ellos y con el amplio vocabulario que tenemos nos explayamos; incluso hay hombres que cuando no saben qué respuesta darnos, dicen: «para qué me preguntas a mí, mejor pregúntaselo a tu amiga».*

Esto no significa que no puedas tener comunicación con ellos; pero es distinta, la profundidad, empatía y comprensión que encuentras en una mujer es invaluable. Una buena amiga es una bendición en cualquier momento de la vida. Para mí mis amigas son mis hermanas del alma, con quienes puedo desnudar mi corazón y en quienes siempre encontraré la verdad de una mirada.

A   *A propósito de amistad, quiero ahondar acerca de aspectos que poco se mencionan: por ejemplo, no se vale traicionar para conseguir lo que queremos, esto no deja un buen sabor de boca. A veces hay situaciones que te empujan a tomar decisiones o reaccionar de forma en la que hubieras apostado que no lo harías jamás; sin embargo, a través de estos errores y malas decisiones tienes que ir aprendiendo. No se vale ser desleal, porque a fin de cuentas quien se siente mal eres tú; quizá otros puedan perdonarte... o no, o puedan superarlo, pero en cada caso eres tú quien se hace daño.*

Una amiga es como un buen sostén: difícil de encontrar, y siempre cerca de tu corazón.

—Tomado de Twitter

Tips

- Haz más amigas; nunca sabes cuándo necesitarás de alguien.

- Observa el esfuerzo y los sacrificios detrás de cada logro de alguna mujer: tú sabes qué es más difícil para nosotras.

- Date tiempo para tus amigas, las relaciones crecen en profundidad y entendimiento con el trato, la frecuencia y la comunicación sincera.

5
La maternidad
Madres a toda madre

Ser madre es el único trabajo en el que, mientras mejor lo hagas, más seguro será que con el tiempo ya no te necesitarán.

—Barbara Kingsolver

Nuestras madres: una relación compleja

*L*as madres son seres humanos igual que tú, y cuando tomas conciencia de esto tu mamá cobra otro significado. Eso que dicen, «ya me comprenderás cuando tengas hijos», es cierto, pero no es necesario tenerlos para entenderlo. Ser madre es una gran responsabilidad que nadie te enseña. Muchas de las nuestras, además, se enfrentaron a un mundo en el cual no podían ser quienes querían ser, que las castró, agobió, minimizó, frustró; debieron guardar sus sueños para dedicarse a la maternidad. Otras ni siquiera tuvieron la opción de la anticoncepción por motivos religiosos, o por tener un macho al lado, porque no había conciencia de que ya somos demasiados, por lo cual varias mujeres se llenaron de hijos y quizá les fue difícil darles amor a todos. A partir de esto hay que aprender a no juzgar a las mamás: una madre te marca su amor, su desamor, las ganas que tenía o no de que vinieras al mundo. Las madres, como todos, «hacemos lo que podemos». Son nuestro espejo, por eso en la adolescencia nos rebelamos en contra de ellas, buscando nuestra propia identidad y, en muchos casos, queremos ser todo lo que ella no es; se da una especie de lucha campal con el fin de cortar ese vínculo de identificación, para generar tu propia personalidad, por eso sus opiniones y lo que hace a veces te molestan. Si alguien te explicara que lo que estás sintiendo es normal, te ayudaría a entender el proceso para que sea más leve. Una vez que se supera, a eso de los veinte, empiezas a decir: «sí puede ser buena onda mi mamá», y te vuelves a acercar a ella.

Cuando tú te vuelves madre y de repente dices una frase, te preguntas: «¿quién lo dijo, mi mamá o yo?». Entonces te das cuenta de que miles de actitudes se permearon porque haces y dices cosas como ella, algunas te gustan y otras no porque ni tu mamá es perfecta ni tú tampoco; sin embargo, siempre será la maestra en tu vida, hay que aprender de ella y también trascenderla. Una vez que entiendas que tu madre es humana, reconocerás que se equivocó tanto como tú lo harás o lo has hecho ya con tus hijos: a pesar de las buenas intenciones siempre se cometen errores.

Nuestras madres han ejercido una maternidad menos psicológica y más del instinto, las entrañas, la tradición, aunque no por eso nosotras estamos más o menos traumadas que las nuevas generaciones. Al aceptar y amar a nuestras madres como son, reconciliarnos con ellas, comprenderlas y honrarlas nos honramos a nosotras mismas. Ser madre es difícil, no hay manual; elige qué quieres quedarte de ella: un ejemplo, una receta, lo que te haya legado. Tu madre va a estar en tu vida siempre, aunque no esté físicamente. Y lo que es básico es que exista un momento en el que te hagas responsable de tu vida, más allá de lo que fueron tus papás, tienes que asumir este proceso como mejor lo puedas hacer; un camino es el agradecimiento, vas a poder amar y liberarte a partir de un enorme *gracias* hacia ellos, porque su presencia te ha convertido en gran medida en quien eres hoy.

Maternidad: el más grande programa de capacitación laboral sobre la marcha que existe en la actualidad.

—Erma Bombeck

La maternidad: un mundo de sensaciones encontradas

M Nadie te enseña a ser madre, todas lo vamos aprendiendo en el camino. Yo siempre bromeo con mis hijos que vayan ahorrando para el psicólogo, porque seguro los traumé en algo. Todas hacemos lo que podemos con las herramientas que cada una tiene en el momento de ser madre, por eso lo ideal es que antes de tener hijos primero trabajes en ti. Entre mejor ser humano seas, mejor ser humano será tu hijo. El ejemplo es lo mejor que le puedas dar.

Cuando eres madre entiendes a tus padres, porque educar a los hijos es todo un reto: no te preocupes por ser buena madre, trata de ser una buena persona, porque esto se verá reflejado en tus hijos. Lo que tiene mayor efecto en ellos es tu ejemplo y, por otra parte, con tus hijos aprendes más sobre el mundo y sobre ti misma; no sólo son tu espejo, sino tus grandes maestros.

A Yo prefiero que la maternidad sea algo que te alimente, que sume cosas a tu vida: emociones, experiencias increíbles y únicas; pero no es algo que te defina por sí sola. Varias mujeres, en su búsqueda por sentirse en su papel, toman la maternidad como un pretexto para realizarse o unirse a un hombre. Deberíamos entender todas que es algo que nos regala pruebas, vivencias, aprendizaje, que nos devuelve la magia de hacer las cosas por primera vez, tal como los niños: un hijo te invita a recordar y te regresa a los momentos en los cuales por primera vez hiciste muchas cosas; esto te enseña a valorar y vivir experiencias desde un punto de vista distinto, con su forma de sentir, pensar y descubrir. Ellos aportan más de lo que crees.

He visto a muchas madres quienes, a través de sus hijos, quieren vivir lo que no pudieron, y niños que van haciendo cosas mientras crecen, que ni les encantan ni buscan, y que finalmente se dedican, en cualquier lugar, a trabajar en lo que la mamá buscaba como realización. Debemos entender que no podemos imponer nuestros gustos ni nuestros sentimientos, porque nuestros hijos van poniendo límites.

El parto es la única cita a ciegas
donde sabes que vas
a conocer al amor de tu vida.
—Tomada de twitter

El papel de la maternidad en la vida de una mujer

Al ser la maternidad un proceso sólo vivido por las mujeres, durante siglos se nos definió por ella y nuestro valor y sentido de la vida tenía que ver con nuestra capacidad de ser madres o no. Varias sufrieron menosprecio y abandono de sus parejas al no poder tener hijos, sin siquiera cuestionar la causa, o si tenía que ver con los hombres con quienes compartían el deseo de ser madres. Nuestra estancia en el mundo se justificaba por la maternidad. Hoy en día, con la liberación femenina, la maternidad ya no nos define o nos da valor como mujeres, porque valemos por nuestra esencia, algunas optan por no ser madres y no por ello son juzgadas o señaladas, son valoradas aunque no puedan o no quieran tener hijos. En la actualidad tenemos la fortuna de decidir sobre la maternidad.

Para mí ha sido una bendición, no sólo por el milagro que representa dar vida, tener al bebé en tu vientre por nueve meses en una conexión única y sorprendente, sino porque la maravillosa oportunidad de crecer junto con tus hijos es un regalo. En mi caso, mis hijos son un gran motor, son mis alas y mis raíces, no concibo mi vida sin ellos. Existe la teoría de que las almas deciden dónde nacer para aprender lo que a esta vida se viene y, por lo tanto, evolucionar; siendo así son las almas de nuestros hijos las que nos eligen como madres. Si esto es real, agradezco a mis hijos que sus almas hayan elegido a la mía para caminar juntos en esta vida, porque ha sido sin duda la mejor aventura de mi existencia.

A   Es una cuestión individual, siempre hemos escuchado que hay dos tipos de mujeres: las que quieren ser madres y las que no, punto. La gran mayoría lo deseamos; sin embargo, hay quienes tal vez como hijas no les fue tan bien, y deciden no serlo. La maternidad es una bendición, una oportunidad maravillosa de traer vida, crecer, aprender, madurar y darnos cuenta de que el amor no es egoísta, que crece cuando lo compartes sobre todo con un ser quien desde sus primeros años de vida depende total y absolutamente de ti. La maternidad a varias mujeres nos llena el espíritu, el corazón, el alma, la mente, las emociones, aunque erróneamente se cree que cuando se es madre consigues la felicidad. En realidad es una cuestión de actitud: más allá de lo que desees, vas a enfrentarte a infinidad de retos, incluso cuestionarás tu vida como mujer y como pareja.

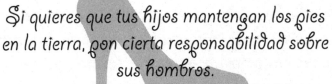

Si quieres que tus hijos mantengan los pies en la tierra, pon cierta responsabilidad sobre sus hombros.

—Abigail van Burenr

¿Cómo educar a los hijos?

M Como bien dicen «los hijos no son tuyos sino prestados», en algún momento de su vida iniciarán un camino propio, y desde que nacen tenemos que estar conscientes de esto para darles todas las herramientas: amor, libertad, ética, valores, etc. A veces se nos olvida y creemos que somos sus dueñas, y no sólo eso, sino que nos deben la vida y por lo tanto obediencia ciega o permanencia absoluta a nuestro lado. Una cosa es el amor incondicional que puede existir entre madres e hijos, y otra el sometimiento a toda costa.

Estoy convencida de que como madres necesitamos fomentar en nuestros hijos valores, amor propio y libertad. Esto no significa que en los años formativos dejemos que el niño haga lo que quiera, porque aún no tiene un juicio definido y necesita que marquemos un tope de hasta dónde puede llegar. He aprendido que, por difícil que parezca, no hay nada más amoroso que

ponerle límites a un niño, a través de los cuales apren-
da el valor de la vida, el respeto, la compasión.

Si a un niño, sin importar su edad, le enseñas que
agredir o matar a un animal está mal, lo entenderá,
pero si minimizas esto, si cuando sale a la calle lo dejas tirar basura o apropiarse de lo que no es suyo, pen-
sará que siempre puede hacerlo, así que dichos límites
son sanos y necesarios para su desarrollo y relación
con los demás.

Por otro lado, como madre, debes comprender que
cada niño es distinto, cada uno trae su propia personalidad y tu responsabilidad no es moldearlo para que
tenga la tuya o la que tiene su familia o la mayoría;
por el contrario, tienes que ayudarlo a encontrar su
individualidad, sus talentos, sus dones, porque en un
futuro le darán seguridad e incrementarán su autoestima.

No existen ni el padre ni la madre perfectos, hacemos con todo lo que nos ha formado a nosotros lo
mejor que podemos con nuestros hijos y es válido pedir ayuda a un especialista o leer un libro sobre determinado tema si no sabemos cómo actuar, porque
a veces desconocemos qué hacer ante una pregunta
o una situación. Cada etapa tiene sus retos y tenga la
edad que tenga, siempre serás su mamá.

No se nace sabiendo ser madre; tanto hijos como
madres aprendemos día a día en esta relación. Lo ideal
será que esté centrada en el amor y la aceptación, por-

que siempre será más fácil enfrentar cualquier situación con un hijo si se siente amado y aceptado tal como es.

Tarea fácil no es: en ocasiones nos desesperamos y perdemos nuestro centro; hay que estar conscientes y no perder nuestro objetivo de ayudar a nuestros hijos a ser buenos seres humanos, con valores, amor propio y libertad.

Es difícil educar a los hijos, y también en este caso tendríamos que aprender a romper ciertas cadenas. Nadie sabe cómo, es una combinación entre lo que eres como mujer y lo que fuiste como hija, lo que viviste dentro de tu familia, la época que te tocó, qué tipo de educación recibiste y, viviendo en pareja, los acuerdos a los que lleguen. Establézcanlos, porque aunque se amen, se adoren y busquen formar una familia (que no es el propósito en todos los casos, sino un ideal cuando vives una historia linda en la cual los dos quieren dar una educación positiva, con intereses compartidos, con pensamientos afines), deben llegar a un acuerdo: qué te gusta, qué no te gusta, qué esperas de ti como madre o de él como padre; sin embargo, al final los hijos te van diciendo por dónde. Todos nos equivocamos, cometemos uno y otro error; hay que ir con cuidado porque cuando vas a ser mamá todo mundo te quiere enseñar y te dice cómo, qué es correcto e incorrecto mientras te llenas de dudas e información, en lugar de simplemente ponerte en manos de tus emociones, y además dejar que tus hijos te vayan llevando, que es lo mejor, ya que cada pequeño tiene una personalidad diferente.

Aunque lo ideal es tener buena disposición, a veces no basta. Existen temores porque siempre te cuestionas si lo estás haciendo bien; cuando te equivocas y sabes que cometiste un error también cuesta aceptarlo y hay que ofrecer disculpas. Tienes que confiar en tu instinto y buscar la forma de abrir tu mente, porque las nuevas generaciones no son como antes, la información que reciben es diferente, no es la misma educación, las escuelas no son iguales, todo ha cambiado; si no abres tu mente y cedes ante situaciones con las que tal vez no estás de acuerdo, pero sabes que así están sucediendo, no funcionas como madre y los limitas. Entendamos que no nos pertenecen, no son nuestros y no podemos imponernos sobre los hijos; en cambio, educarlos es parte de demostrarles amor. Por otra parte, tienes que ser una autoridad, debe haber reglas; si los amas debes establecerlas, que aprendan que hay límites, no siempre podrán tener lo que quieren, no van a salirse con la suya en cada ocasión; esto les va a dar fortaleza porque así es la vida; pero también tienes que abrir tu mente, tus emociones, y darte cuenta de que puedes aprender de ellos.

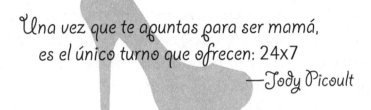

Una vez que te apuntas para ser mamá,
es el único turno que ofrecen: 24x7

—Jody Picoult

El papel de la mujer y la influencia en los hombres que educamos

Bien dicen que la educación en el hogar se mama. Como madre, puedes tener todo un discurso perfectamente bien armado y correcto, pero si lo que dices no va de la mano con lo que haces, de nada servirá: lo que haces es más fuerte que lo que dices.

El ejemplo arrasa, para educar a un hijo primero tienes que revisar lo que tú estás haciendo, no puedes educar a un niño para que valore a una mujer, o a una niña para que exija el respeto de su pareja, si tú aceptas golpes, agresiones y malos tratos de un hombre. Lo que ven será lo que guarden en su inconsciente como parte de lo que debe ser una relación de adultos.

Tampoco pretendas la igualdad de género si en casa enseñas que a los niños se les atiende y apapacha, mientras que las niñas hacen las labores del hogar. El varón también debe participar, al igual que una niña, tendiendo su cama, haciendo la cena, etc., obviamente son distintos y no pueden ser idénticas todas las actividades, pero hay que evitar marcar una superioridad masculina, como antaño —ideal sería que no existiera— porque esa dizque superioridad únicamente fomentará el machismo.

Imagina lo importante de la labor de una mujer en la educación de sus hijos y cómo marcará esto a las futuras generaciones, donde la apuesta es que niñas y niños sean educados respetándose y honrándose a sí mismos y a los demás.

Aunque no tenga hijos varones, siempre he pensado que lo que vemos en los hombres está influenciado por sus madres. Obviamente lo que vimos en nuestros padres como pareja nos marca, de modo que una mujer fuerte, que no permite faltas de respeto o malos tratos, es un gran ejemplo, más allá de enseñar a sus hijos cómo deben actuar. Hay una frase famosa que dice: «quien se comporta como un príncipe es porque fue educado por una reina», suena exagerado pero tiene sentido; cuando como mujeres demostramos que tenemos amor propio, y no nos gusta que nos maltraten o menosprecien, o cuando los hijos varones ven a una pareja que se respeta, esto es lo que ellos harán, así será su trato hacia las mujeres.

Las mamás tenemos que estar cerca de los varones,

y enseñarles todo lo que sabemos, buscamos y necesitamos: ser respetuosos, caballeros, tolerantes. Obviamente la educación es hacia ambos lados; hombres y mujeres, y en los hombres influye obviamente el ejemplo del papá, pero es importante que la mamá permita o no ciertas cosas, que ponga límites con amor, que los enseñe a ser hombres de bien, respetuosos, que jamás apruebe comportamientos groseros o agresivos, de alguna manera así será como ellos traten a las mujeres. Educar caballeros está en nosotras.

Lo que un niño no recibe, raras veces puede darlo después.
—P. D. James

Tu hijo, tu reflejo

Debido a la íntima relación con los hijos, hay mucho de ti en ellos, esto no significa que tengan que seguir tus pasos, ni pensar o sentir como tú. Aunque como madre te cueste trabajo, no dejes de fomentar su individualidad, motívalos a crear su propio camino, aunque sea distinto al tuyo. Si tu hijo es «idéntico» a ti, algo anda mal, podrás sentirte orgullosa de crear una calca tuya, pero tarde o temprano la esencia de cada persona se revela, y mejor que sea en la etapa formativa en la que tú puedas ser su gran compañía.

A   Es como cuando te descubres hablando como tu mamá: los padres influyen en varios aspectos, aunque todos nacemos con personalidad o rasgos definidos, más allá de lo que vivas o aprendas. Aparte de que son tu reflejo, tu ejemplo define a tus hijos. Somos seres humanos llenos de defectos y errores, pero en la forma en que afrontamos o aceptamos que nos equivocamos, nos volvemos un ejemplo para ellos. Con el tiempo, si les enseñas a respetarse, a tener amor propio, si respetas su punto de vista, ellos se darán cuenta de que está bien tomar sus propias decisiones, está bien no aceptar o no estar de acuerdo con todo lo que haces o dices: por más autoridad que representen los padres, los hijos deben ser libres de expresar lo que sienten o piensan, y esa libertad sólo la puedes dar tú. Si no la encuentran con nosotros, van a buscarla con otras personas; hay que admitir que como padres de pronto erramos, y que su opinión también cuenta, que somos falibles y ellos tienen derecho a sus propias creencias; eso forjará su carácter y les ayudará a formar su propio camino. Podemos darles herramientas con nuestro ejemplo, pero además debemos aprender a soltarlos, a ceder y aceptar que no tienen por qué ser iguales si pueden ser mejores que nosotros. Al aceptar que todos somos distintos, generamos un clima familiar más agradable.

Una hija es la compañera de género de su madre, su aliada más cercana en la confederación familiar, una extensión de sí misma. Y las madres son el modelo a seguir de las hijas, su mapa de ruta biológico y emocional, el árbitro de todas sus relaciones.

—Victoria Secunda

Tiempo para mí o voy a enloquecer

Todos dicen que la maternidad es lo máximo y es verdad, pero hay momentos en que resulta agotadora y asfixiante, es sumamente demandante y nos consume. El problema es que reconocerlo está mal visto socialmente y en ocasiones, de manera estoica, nos «sacrificamos»; esto hace que por un lado sea tal el agotamiento que terminemos por no disfrutarlo, y por otro que terminemos «cobrándoselo» a nuestros hijos con chantajes, mal humor, ironía o no haciéndoles caso. ¿Para qué llegar a ese extremo? Antes que ser mamás somos mujeres, y como tales necesitamos espacio.

Muchas nos sentimos culpables cuando nos damos un espacio y dejamos a los hijos con alguien quien los cuide, algún familiar o la pareja, mientras nos vamos a tomar un café, caminar, platicar con la vecina o cualquier distracción, y nos percibimos como las peores madres; pero debemos concedernos estos permisos porque al volver a casa tenemos mayor energía, nuevos temas por compartir, o incluso una sonrisa que los hijos agradecerán.

No sólo por los hijos, si tienes una pareja, no olvides que además de ser madre, también eres mujer, por agotada que estés date un tiempo y arréglate: ponte ropa limpia, bonita, siéntete atractiva y cachonda de nuevo. Recuerda que tienes tus propios sueños por cumplir, hobbies, pasiones, nuevos proyectos, etc. Ser mamá es increíble, pero no debes anularte como mujer, busca un equilibrio, tiempo para la familia, pero también TIEMPO PARA TI.

Ser madre y mujer es complicado, al principio sobre todo; a mí me pasó que sentí que dejé de ser mujer, incluso me veía al espejo y no me percibía linda, físicamente hablando por supuesto; a todas nos afecta, nos cambia el cuerpo, las hormonas hacen también lo suyo, y llegas a extrañar a la mujer que eras. Hay que recuperarla: ¡sí se puede!, tenemos el ejemplo de madres que son súper buenas y pueden compaginar todo perfectamente bien, preocupándose por ellas mismas, haciendo cosas que les gustan, como ir al gimnasio, tener una buena alimentación, trabajar, verse hermosas. Debes decidirte, debes tener un espacio como mujer y llevar a casa pláticas interesantes, cosas distintas que van más allá de la maternidad.

No sé si sea cultural, pero las mujeres en especial nos dedicamos a dar; como dice la famosa frase, «de la boca te lo quitarán los hijos», como si estuviéramos mentalizadas a dar siempre y aunque a veces nos pese soltar este sentimiento, siempre pensamos: «¿qué puedo hacer por ti, qué puedo darte para que estés bien?». ¡Cuidado!, hay un punto en que cualquier mujer explota si está en un momento inestable en su relación, en el trabajo, con la familia o con una amistad, y podría haber una explosión que genere daño. De cuando en cuando merecemos consentirnos; si no nos están apapachando y tenemos necesidad de esto, hay que hablarlo, externarlo, porque a veces por evitar el problema o el conflicto a los demás, llegas a ese punto sin retorno, y todo lo que hiciste por amor se puede convertir en un reproche, y en ocasiones ni tu esposo, ni tus hijos, ni tu trabajo te están exigiendo tanto sacrificio. Si vas a hacer algo por ellos, hazlo de corazón y entiéndelo así, porque cuando te das cuenta de que necesitas atención, cariños, que alguien deje de hacer algo que le gusta para hacer algo por ti, cuando quie-

ras expresarlo después de haber guardado silencio, de haber hecho cosas que tal vez no querías, pero sentiste que debías hacerlas por el bien de los demás y no por el tuyo, vas a explotar y será terrible, porque afectas a seres que amas y no quieres herirlos: podrías incluso terminar con relaciones de cualquier tipo. Las mujeres debemos aprender a recibir, a expresarnos, a pedir, a decir lo que sentimos, a hablar aunque temamos lastimar a otros; no hay que pensar que los demás van a adivinar lo que necesitamos: no es así y no va a pasar.

No son el juguete de los padres, ni la realización de su necesidad de vivir, ni sucedáneos de sus ambiciones insatisfechas. Los hijos son la obligación de formar seres dichosos.

—Simone de Beauvoir

No hay niños perfectos

Así como no hay madres perfectas, tampoco hay hijos perfectos, pero aun sabiéndolo nos es difícil ver los «defectos» de nuestros hijos, porque al hacerlo sentimos que no estamos haciendo bien las cosas; por tal motivo somos capaces de minimizar y no ver situaciones evidentes o señales claras de que están viviendo situaciones que no corresponden a su edad, que están mal en la escuela, que andan en malos pasos, etc. A veces preferimos no mencionarlo siquiera con tal de evitar una discusión o quedar mal ante sus ojos, esto es sumamente delicado, porque ellos pierden la brújula que puede darles dirección a su vida.

En contraste, están las madres que buscan la perfección y obligan a sus hijos a ser como ellas desean, obligándolos incluso a ser quienes cumplan las aspiraciones que ellas tuvieron: tocar un instrumento, cantar, jugar futbol, ser actriz, etc., sin darse cuenta de que una de las cosas más fascinantes de ser madre es ir descubriendo la propia naturaleza de tu hijo, su esencia y tratar de estimular su propio mundo. Cada quien tiene su llamado, sus talentos.

A Creer que hay hijos perfectos es un grave error. Constantemente nos encontramos mamás platicando con otras, donde cada quien saca las fotos de sus hijos y habla de cuán maravillosos son, pero por el simple hecho de competir, ni siquiera por orgullo o amor. Tenemos que aterrizar, admitir la realidad: no podemos tener hijos perfectos porque no somos mamás perfectas, ni seres perfectos, y se vale; los hijos imperfectos y con errores son el resultado de lo que han vivido con nosotras, pero también de lo que les ha ido presentando la vida. Como mamás, con los pies sobre la tierra y siendo objetivas, podemos comparar a nuestros hijos y darnos cuenta de cómo están con relación a los niños de su edad o quienes viven cosas parecidas; cuando veamos cosas súper positivas en ellos hay que hablarles del orgullo que nos producen y hacerles saber qué nos gusta que hagan, que sean lindos, buenas personas, aplaudir sus aciertos y además preguntarles en qué estamos mal, en qué nos estamos equivocando. Que se den cuenta de que no eres perfecta y lo acepten les ayuda como individuos a superar frustraciones, a no idealizar. Deben saber que se vale tener errores, para que no se exijan demasiado, y para que tú tampoco lo hagas. ¿De qué sirve querer tener un hijo perfecto, que tenga las mejores calificaciones o que sea el más amable, educado o el mejor deportista, si esto le genera desconfianza y no acepta que no hay seres perfectos, que todos nos podemos equivocar en nuestras decisiones?

Suéter: prenda que usan los niños
cuando sus madres tienen frío.
—Ambrose Bierce

La mamá mueble

M Si hay algo desesperante es la «mamá mueble», esa quien ve que su hijo es grosero, ensucia, hace berrinches, se sube a los muebles, tira la comida, golpea al niño de al lado, y está como si nada pasara; lo peor es que cuando alguien trata de ponerle un límite, se siente ofendida. Es responsabilidad de cada madre la actitud de su hijo y hay que recordar que vivimos en comunidad, en sociedad, que nuestros hijos conviven con otros y no se trata de limitar la energía de los niños y convertirlos en adultos pequeños; pero tampoco se puede permitir que sean destructores. Las reglas de una sana convivencia todos las conocemos: debemos hacer que nuestros hijos las respeten por el bien común.

A El tema de ser la «mamá mueble» es horrible, y en la actualidad a todas nos pasa: estoy, pero estoy metida en el celular, en la televisión durante horas, desconectada en mi mundo, en la computadora, en un libro; es decir, está bien hacer cosas para ti, pero hay momentos en que tus hijos necesitan sentirte y tener la confianza de acercarse, verte a los ojos y decirte lo que sienten. Nos conformamos o de alguna manera nos sentimos tranquilas de que los chicos sepan que *allí estamos, pero no estamos pendientes del todo. Es triste, lo ideal sería que no pasara; en todo caso, si decides salir a distraerte, aprovecha y date un masajito; pero si vas a estar presente en tu hogar, que tus hijos sepan que pueden acercarse, hablarte, verte a los ojos, sentarse a tu lado y saber que los escucharás. Los niños exigen esa atención, te dicen «¿qué es más importante, tu celular, tu computadora o yo?», son comentarios que en el momento te causan gracia, pero luego duelen porque te enfrentan con lo que estás haciendo en verdad. Deberíamos ser más firmes con eso: es difícil desconectarse o ignorar el celular si suena, sobre todo si tienes pendientes o trabajas, pero tenemos que saber cuándo es el momento de cortar. Si ya están durmiendo o están en alguna actividad, aprovéchalo; las ausencias cuando tendrías que estar hacen daño. Los niños tienen cada vez más conciencia de esto y lo necesitan, por lo cual hay que bajarle, establecer un horario, y mientras estemos con ellos comprometernos a «estar».*

Nadie grabará jamás en la lápida de una madre: «Tenía la casa muy ordenada».
—Susan Causdale

No importa lo que hagas, siempre fallas

No existen las familias cien por ciento funcionales; todas tienen sus temas, secretos, problemas. Los seres humanos tenemos algo que trabajar en la vida, venimos a aprender y evolucionar, por lo tanto no somos perfectos.

Podemos ver a esas familias de la foto impecable que en ilusión creemos que así funcionan, pero si entramos en su intimidad nos damos cuenta de que tienen conflictos y dificultades, como todas.

Además estamos viviendo un momento interesante: las estructuras como las conocíamos se están modificando; antes lo que entendíamos como familia era papá, mamá e hijos; hoy en día hay gran diversidad, entre otras causas debido a los altos índices de divorcio. Actualmente se dan varias combinaciones, desde la madre y sus hijos, que son una familia, hasta las relaciones en las que existen «los tuyos, los míos y los nuestros»; parejas en las cuales cada uno aporta sus hijos, más los que nacen durante la relación. Están también las familias formadas por padres del mismo sexo quienes deciden adoptar, y cada vez son mejor aceptados en la sociedad; así como las estructuras que incluyen a la familia extendida: abuelos, tíos, etcétera.

Cada familia tiene su dinámica, sus reglas, sus manifestaciones; lo ideal sería que en todas se buscara la unión, el amor incondicional y el desarrollo libre y amoroso de cada miembro.

¿Se imaginan un mundo en el cual todos recibiéramos amor, aprendiéramos a amarnos a nosotros mismos, donde nos sintiéramos merecedores y valiosos, donde se nos motivara a extender las alas y reconocer nuestros talentos? SI PODEMOS IMAGINARLO, PODEMOS CREARLO, así que empecemos por nuestra familia; es una gran oportunidad de crear un mundo mejor.

Hablando de familias, ya no sabemos qué es funcional o disfuncional. Ahora cada quien se acomoda, cada situación se amolda de acuerdo con sus circunstancias; hay quienes adoptan la religión que les va bien, todo lo tomamos según nuestra conveniencia y necesidades, por eso ya no sabemos realmente qué es una familia «normal». En la actualidad lo que define a una familia es permanecer con la mente abierta, tener buena comunicación, aceptar que se vale luchar por nuestra felicidad y hacer las cosas mejor. Es decir, si lo adecuado para los padres es estar separados, porque no funcionan en pareja, esa es una familia funcional; los niños prefieren ver a papás separados pero felices, porque eso es más positivo que padres juntos e infelices.

*El gran don de la vida familiar es llegar
a conocer íntimamente a gente a la que ni
siquiera te habrían presentado
si la vida no lo hubiera hecho por ti.*
—*Kendall Hailey*

Tips

- ¿Has hablado últimamente con tu mamá? Si estás en buenos términos con ella, no dudes en llamarla, o mejor aún, visítala o recíbela; ver a tus hijos, si los tienes, será siempre un motivo de alegría para ella, pero date tiempo para hablar a solas, de mujer a mujer, de todo lo que quieran, y que no sea motivo de discusión; disfrútense y compartan. Valora ese increíble vínculo.
- Obsérvate, prepárate, crece, evoluciona…, sé un buen ejemplo para tus hijos. Ese es el mejor regalo que les puedes dar.
- Disfruta de la compañía de tus hijos; crecen demasiado pronto.

6
¿Qué con ellos?
Distintos, pero no distantes

*El hombre es fuego y la mujer estopa,
viene el diablo... y sopla.*

—*Dicho popular*

No espere hasta que sus pequeños problemas se conviertan en grandes para prestarles atención. Concédale a su relación la ayuda afectiva.

—Barbara De Angelis

¡Hay diferencia!

Mujeres y hombres somos distintos: si bien tenemos un mismo espíritu éste se manifiesta de dos formas, hay quien refiere que éramos un mismo ser que se dividió en dos, por eso se habla de un alma gemela, a la que siempre deseamos encontrar, por eso aprender a diferenciarnos es básico, porque cuando puedes apreciar lo que te distingue del otro entiendes que no es como tú; de hecho ningún ser humano lo es, todos tenemos ojos y lentes distintos para ver la vida. Hombres y mujeres, físicamente estamos hechos para embonar, eso es claro y evidente, pero tenemos diferente percepción de la vida: los hombres son más prácticos porque esa es su naturaleza; en el origen de la humanidad ellos salían y cazaban, tenían que enfrentarse a mil peligros y situaciones riesgosas, por eso son más aventureros y competitivos, se trataba de ver quién traía al mamut más grande, hecho que se sigue reflejando en la actualidad, no con el mamut obviamente, pero sí con lo material; quién gana más, qué coche tiene, qué trabajo y posesiones; la actividad y puesto que tienen les da un significado e identidad.

Tenemos diferente manera de percibir las emociones, a la gran mayoría no se les ha permitido estar en contacto con sus sentimientos, sino hasta ahora, incluso a algunos aún se les sigue reprimiendo por completo; no saben qué hacer con lo que sienten, a veces lloran y creen que eso los hace menos hombres, cuando no es así, se deben romper barreras y prejuicios. En cambio, nosotras podemos llorar veinte veces, tenemos la facilidad de tocarnos, como mujeres somos muy sensibles, y nada de esto está mal visto; pero un hombre que sea cariñoso con los demás es cuestionado y señalado; más allá de su preferencia sexual. Las mujeres tenemos mayor desarrollo del lenguaje, ellos tienen mejor percepción en cuanto a los espacios, por eso hay más arquitectos e ingenieros varones, y son mejores para conducir un coche. Entender nuestras diferencias hace que seamos más comprensivas, y que los entendamos mejor.

Dejé que Ike manejara el país,
y yo manejaba el hogar.
—Mamie Eisenhower

Más allá de las diferencias físicas está la distinción en la forma de pensar y actuar. La parte masculina es más racional, nosotras somos más emotivas, instintivas, creativas... Sin embargo, no quiere decir que esto sea determinante, cada ser humano tiene dentro de sí una parte masculina y una femenina. Si permites que ambas se comuniquen se van a manifestar afuera. Estar consciente de esto ha hecho que hoy en día, por ejemplo, las mujeres podamos ser más independientes, que también podamos salir a «cazar» y que ellos puedan ser más «recolectores»; que puedan cuidar a los niños, cocinar o hacer trabajos en casa, cosas que anteriormente eran impensables para un hombre, porque sólo nos tocaba hacerlo a nosotras. Vivimos un momento sumamente interesante y retador: podemos redefinir cómo queremos vivir, desde qué lugares internos y externos. Esto por supuesto ha ocasionado una crisis de identidad, pero también romper esquemas nos lleva a nuevas experiencias de convivencia y lo importante es no caer en extremos. El problema puede surgir cuando, como mujer, eres demasiado masculina y te encuentras a un hombre con carga femenina, porque te puedes robar su rol. Siempre tienes que estar pendiente de cuál es el papel que cada uno quiere jugar, y que hoy éstos se permean de manera diferente. Un consejo en este aspecto es hablar con tu pareja y ver hasta dónde llega el rol y las responsabilidades de cada cual, ya que ni las parejas ni las familias permanecen como algo establecido; hay que decidir y definir qué van a hacer uno y otro, porque puedes toparte con un hombre a quien le encante cocinar o ir al súper mientras que a ti no; o tú llevar la economía del hogar *y no él. Se puede llegar a ese tipo de arreglos y no te hacen ni menos mujer ni a ellos menos hombres... Por otro lado, hay quienes prefieren continuar sostenidos por las características que siempre han definido y diferenciado a cada sexo, y esto también es válido. Cada cual tenemos fortalezas y debilidades..., aprender uno del otro sería lo ideal para cada día ser mejores, ya que finalmente de eso se trata la vida..., de lo que nos une, no de lo que nos separa.*

En todo somos diferentes, pero me gustan esas diferencias; si hay algo que me agrada de los hombres es lo distintos que son. Las mujeres somos muy aprensivas, a veces; los hombres perdonan y olvidan fácil. Las mujeres somos súper intensas, lo cual con frecuencia puede ser muy positivo porque disfrutamos hasta del más mínimo detalle, le damos valor a un atardecer y nos parecen bellas cosas a las que ellos a veces no les dan importancia. Hombres y mujeres, dependiendo cómo hayamos crecido o de quiénes estuvimos rodeados, tenemos desarrollado un lado femenino o masculino, que genera increíbles encuentros entre los dos sexos. Es digno de admirar e imitar el hecho de que los hombres sepan divertirse, son más egoístas, en el plano del egoísmo positivo, por mucho que te amen y adoren, si tienen un plan con el cual saben que se van a divertir más, como subirse a una motocicleta, jugar futbol o ver un partido, no dejan de hacerlo por ti, porque esto les suma felicidad; no son tan sacrificados. Me gusta su capacidad de reírse a carcajadas, hacer el ridículo o lo que les plazca, algo que las mujeres deberíamos intentar; ellos pueden ser tan amigos de alguien con quien en algún momento pelearon, incluso a golpes: tienen esa nobleza, mientras que las mujeres, aunque tenemos características de ser nobles y perdonar, a veces nos cuesta trabajo olvidar, aceptar que pasó algo fuerte, y soltarlo. A ellos les resulta atractivo lo apasionadas que somos, lo entregadas que podemos ser cuando de verdad tenemos un compromiso con quien sea o dondequiera, luchamos y lo respetamos. Sin embargo, cuando dejamos de sentir determinado compromiso, hay que tener cuidado porque tendemos a tomar decisiones fuertes, radicales, maduras y con valentía. Para nada uno es peor o mejor, simplemente, si nos abrimos un poco a entender al otro, podemos completarnos muy bien y enseñarnos cosas: qué sí y qué no, para ser felices y disfrutar más.

Es sabido que a las mujeres nos gusta que nos escuchen, a todos en general, pero para una mujer encontrar a un hombre que no esté en la luna o que no ande por ahí divagando solo, y que en cambio la haga sentirse escuchada y apreciada, prácticamente hará que caiga rendida.

Sentirte escuchada es sentir que importas, es percibir el interés de la otra persona y su atención, que te valoran y te apoyan en lo que requieres, eso es lo que la mayoría de nosotras necesitamos. Pero por supuesto que es definitivo que también hay que hacerlo de vuelta, corresponder.

Los hombres esperan de su ropa interior lo mismo que de las mujeres: un poco de apoyo, y un poco de libertad.

—Jerry Seinfeld

¿Media naranja o naranja entera?

Esta idea de que somos complementarios al cincuenta por ciento es un error, porque así no vives como un ser completo ni trabajas en tu evolución. Somos dos naranjas enteras que decidimos hacer un mismo jugo, pero a veces no es una naranja: es un mango, una sandía o una uva... Eres un ser humano integral, total. Además, nadie te va a llenar al cien por ciento, aunque así lo creas en un principio; puedes decir «encontré al hombre perfecto», pero ni lo es, ni eres la mujer perfecta, esa es una pequeña ilusión al inicio de la relación, te engaña el enamoramiento, dicen que el amor es ciego y es verdad. Al principio ves al otro en su perfección, porque proyectas en él todos tus deseos y expectativas, pero conforme va pasando el tiempo surgen las diferencias, que desde el principio estaban pero no «podías» verlas, es cuando caes en cuenta de que el otro no va a llenar jamás todas tus necesidades... esto sería imposible. El otro no es un «tapa-hoyos emocional» porque, si con base en esto se da la relación pronto, se convertirá en una relación tóxica, que constantemente será un espejo de tus carencias.

Entre mejor estés, mejor será tu pareja. Una atrae lo que es... Una atrae gente con tu misma frecuencia... Si deseas una pareja increíble, sé esa pareja increíble. Entre más hayas trabajado contigo desearás compartir tu vida con un hombre que haya trabajado en él mismo; que llegue a tu vida no desde la necesidad sino desde la complementariedad. Uno más uno = ♡

A Ni media naranja ni naranja entera, no podemos pensar que una persona va a llegar a completarnos o hacernos felices, eso depende de nosotras. Si vivimos pensando que va a aparecer de pronto ese individuo, que nuestra media naranja va a hacer que seamos una persona integral; o bien dedicamos toda nuestra existencia a esa naranja, lo único que pasará es que en un punto vamos a echar a perder la relación, porque no puedes dejar de hacer cosas por considerarla como tu complemento, dejar de ser tú, de vivir, abandonar todo por quien crees que es tu felicidad y tu media naranja. Está bien completarse, aprender y crecer juntos, pero si no aprendemos a amarnos y aceptar que podemos ser felices estando solas, no vamos a poder darle felicidad o regalarle buenos momentos a nadie. Conforme pasan los años me he dado cuenta de esto, es cuestión de etapas; en algunas, si esa persona no está, sientes que la vida no tiene sentido, pero conforme creces y maduras, sufres y vives de una forma distinta, y aunque hay dolores muy fuertes, que te desgarran, como una separación que te puede doler profundamente, la madurez puede ayudarte a afrontarla con más valentía, entereza y dignidad. Se vale sentir que te duele, pero vives ese drama de manera distinta, con la certeza de que tienes la capacidad de salir adelante.

Hablando de completarse, se puede decir metafóricamente lo de la «media naranja»; pero en realidad no se necesita a alguien para que venga a darnos felicidad, o creer que se precisa de un hombre para sentirse completa y feliz. Cada quien es una fruta distinta, y está bien porque los dos juntos suman, cada uno tiene una vida que aporta y, a fin de cuentas, forma un todo.

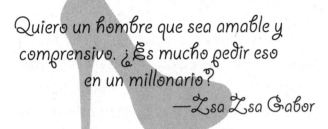

Quiero un hombre que sea amable y comprensivo. ¿Es mucho pedir eso en un millonario?
—Zsa Zsa Gabor

¿Si quiero un hombre a mi lado? ¿Lo quiero... o lo necesito?

Cuando los roles estaban establecidos e inamovibles, necesitabas a un hombre quien te mantuviera, te diera un hogar, quien te comprara una casa, quien fuera por la comida y ganara lo suficiente para ti y para tus hijos; pero hoy que las mujeres también tenemos esa opción, tú eliges si vas a tener o tienes un hombre al lado. Estas situaciones han cambiado el panorama, porque antes los hombres se sentían necesitados y eso les daba un valor, pero hoy que son una opción deberían valorar más una relación cuando una mujer elige estar con ellos. Lo importante es tener como pareja un hombre a quien de verdad quieras, y no uno al que solo necesites.

Cuando no tienes suficiente amor propio piensas que necesitas experiencias diferentes o a quienes te hagan sentir apreciada, y te vuelves vulnerable; entonces cualquiera, incluso quienes no valen la pena, pueden aprovecharse de ti. Hay que entender eso: no necesitamos de nadie para sentirnos valiosas; es lindo que alguien te diga que eres bella o que le gustas o que te necesita, es muy agradable que te platiquen esos cuentos y esas historias, y es probable que sean ciertas, pero tenemos que aterrizar, entender y preguntarnos si podemos salir adelante solas, sin tener a alguien a nuestro lado, si podemos valorarnos, amarnos, crecer y disfrutar viviendo en solitario, para que cuando llegue la ocasión tengamos la capacidad de disfrutar más a una persona que esté a nuestro lado. Por eso se vale ser soltera, incluso varias expresan su deseo, su necesidad de serlo. Ya en generaciones pasadas las mujeres se dieron cuenta de que podían trabajar, desarrollarse, salir adelante y disfrutar solas o estar sin pareja y eso no les restaba valor; aunque antes existía esa forma de ver a la soltera como «pobrecita» o «cuidado con ella, porque piensa distinto». Ahora las mujeres estamos al lado de un hombre porque queremos, más allá de que lo necesitemos; varias se quedaban con una pareja por el «qué dirán», y por carencias económicas. Todas deseamos a alguien quien nos apapache, nos haga sentir amadas, pero

hay quienes sin duda logran ser felices solas; es más un tema de amor propio. No es necesario tener a una persona a tu lado para ser feliz y sentirte completa; el amor en sí nos ayuda a motivarnos, nos hace sentir bellas e importantes, sobre todo **un buen amor.**

¿Lo necesito o lo quiero? No sé, dicen que la mejor manera de estar es estar en pareja, y si es una pareja que te hace feliz, está bien. Si crees que la necesitas para ser feliz, estás equivocada, por eso hay tantas mujeres quienes no saben disfrutar de su soledad, sus momentos y espacios.

Recuerda que la mejor relación es aquella en la que el amor por cada uno excede su necesidad por el otro.
—Dalai Lama

Las cosas cambiaron: vale ser soltera

La independencia económica es una ganancia en ese aspecto: hoy tú decides si quieres una pareja o estar sola. Antes eras una solterona a los treinta si no te habías casado, hoy difícilmente ese término existe.

Ya nadie dice «ahí va la solterona», ni te sientes como tal: a cualquier edad puedes ser viuda, divorciada, bisexual, lesbiana, lo que quieras, hay una diversidad; antes te casabas con un sólo hombre y te quedabas con él, fueras o no feliz. Ahora es una opción vivir con alguien o no, tener a una pareja sentimental o no. Tú decides, pero el poder de decidir conlleva una responsabilidad, y hoy en día es tu responsabilidad estar con el hombre con quien realmente merezca la pena estar, pues **cada quien tiene el amor que merece.**

A   Ha cambiado bastante el tema de la soltería, aunque todavía hay gente que cuestiona a las mujeres. Sin embargo, no es mal visto que ahora se unan a una pareja a partir de los treinta y tantos, cuarenta y tantos.... Antes, después de los veinte, ya te veían como solterona, y decían «esta pobre tiene mala suerte». Ser soltera no tiene nada de malo, pues de estar al lado de alguien quien no vale la pena o no te hace feliz, mejor estar sola.

Ahora ha cambiado el modo de ver a las mujeres solteras, se juzga con más madurez, pues algunas son muy trabajadoras, mujeres exitosas sin necesidad de un marido, novio o pareja. Se vale ser soltera pero hay que disfrutarlo y, por otra parte, si no quieres estar sola y no has tenido la fortuna de encontrar a alguien, aprende mientras a disfrutar de esa soledad.

Ser soltera quería decir que nadie te quería. Ahora significa que eres bastante sexy y te estás tomando tu tiempo para decidir cómo quieres que sea tu vida y con quién quieres pasarla.
—Carrie, Sex and the City

Qué sí y qué no con los hombres

¿Qué sí?: Se vale ser vulnerable, tierna, consentir, apapachar, dar, ser mujer en toda la extensión de la palabra. Si decides afrontar tú los gastos porque quiere estudiar, se vale; si decide quedarse en casa mientras trabajas, también se vale, siempre y cuando sea un pacto y no una imposición.

La sexualidad debe ser siempre consensuada, es decir, no hay de que «él quiere que yo lo haga, pero no quiero». En los juegos sexuales, hablando de intimidad, todo es permitido y todo se puede, siempre y cuando tú digas «sí».

¿Qué no?: No se vale mantener a un hombre —a no ser que sea un acuerdo entre ambos debido a problemas económicos—, porque cuando se vuelve alguien a quien tienes que mantener por obligación lo dejas de admirar. No a la agresividad de parte de los dos; no a golpes o a palabras hirientes, puedes decir algo que tal vez duela, pero eso no es agresividad; está claro que es porque lo sientes. No a la violencia, no a que te hagan sentir menos, no a la misoginia. Si tú no pones alto a un hombre cuando te trata mal, te seguirá tratando así; no a las insinuaciones sexuales si no las quieres, y ser clara y contundente, incluso con una sonrisa puedes decir «no, gracias» y seguir como si nada; no te hagas la ofendida, porque luego ellos se sienten exhibidos. Si tú sonríes y, a pesar de decirle: «no, gracias» y volverlo a tratar normal, él sigue insistiendo, aplica estrategias distintas, ya sea el jefe, amante, marido, amigo o quien sea.

La mujer no debe depender de la protección del hombre, pero se le debe enseñar a protegerse a sí misma.

—Susan B. Anthony

Qué sí: todo lo que tenga que ver con recibir amor, dar amor, todo lo que te haga feliz y plena. Qué sí: Divertirse, tener buen sexo, sorprenderse, cachondearse. Qué sí: Darse libertad y confianza para que el otro se realice y haga lo que desea hacer.

Qué no: abusar de un hombre, porque también hay mujeres que lo hacen en lo económico, le sacan hasta la sonrisa, utilizan sus encantos para conseguir beneficios económicos, laborales, etc., sin darse cuenta de que valen más que eso. Puedes obtener los mismos beneficios sin atentar contra ti, conseguir el mismo puesto y el mismo dinero si trabajas. Qué no: ser un segundo plato; y esto no se trata de un aspecto moral, sino de valor y merecimiento. Intenta que el otro también sea tu primer plato: Si tienes un hombre en tu vida, trata de ponerlo como tu rey, porque el chiste es que él también te trate como reina. Qué no: permitir cualquier abuso o agresión de un hombre: desde una palabra hasta una relación sexual obligada... Qué no: Dejar que el otro te humille, te minimice o explote.

Sí al respeto, a pesar de las diferencias, aceptar que las hay; respetar puntos de vista, gustos, formas de vida. Respeto en general: escucharse, entender que se puede ser un equipo, ayudarse, se vale apoyarse. No se vale que haya abuso de ningún tipo. No se vale abandonar a tu pareja, porque eso deteriora totalmente la relación; no se vale quedarse callado, no expresar lo que quieres.

Este es un tema amplio: es válido divertirse juntos, se vale bromear, compartir. Si él no está en una buena situación económica y tú puedes ayudar o aportar, se vale hacer equipo. No se valen humillaciones ni el abuso; una cosa es «te ayudo» y otra «no me muevo para hacer algo por nosotros, aunque seamos equipo». No se vale ser sometida, no se vale ser forzada a nada. Es válido sentirse libre como los hombres, tener momentos como ellos, con amigos, con amigas.

La primera cita... hasta dónde llegas

*D*epende de cada quien; hay quien dice, hablando de reglas básicas en las citas: «en la primera no hay beso, en la segunda beso, y hasta por ahí de la quinta o sexta te preguntas si de verdad vale la pena acostarse». Toma en cuenta además qué edad tienes, porque si eres una adolescente quien va y se acuesta a la primera, enfrentas un mayor riesgo porque quizá habrá, por parte de la otra persona, menos compromiso. Cuando sales con un hombre sabes lo que él está buscando, es bien conocido que en general ellos lo primero que quieren es sexo; las mujeres a veces queremos sexo porque tenemos las mismas necesidades; pero en ocasiones queremos algo más. Si ese hombre vale la pena, ten la intimidad que quieras, pero sin duda es cierto lo que decían las abuelitas: «aguántate, aguántate, porque causas mayor deseo». Entre las hormonas masculinas, la oxitocina, que es la que propicia el acercamiento con otra persona, se produce en los hombres por el deseo, al contrario de las mujeres, quienes la generamos cuando hacemos el amor; como ves también existe una razón química.

Son dos momentos diferentes para cada uno: por lo general, si me acuesto con un hombre en la primera cita, para mí será el comienzo de una relación amorosa, para él será sólo sexo; pero si me contengo y lo pongo a prueba, el día en que eso suceda, en él también cabrá una posibilidad amorosa, porque ya pasó varias pruebas. En efecto, habrá hombres que no te valoren únicamente por tu sexualidad, el problema es que hay quienes siguen haciéndolo a pesar de estar en pleno siglo XXI, y piensan que si se van a la cama en la primera cita: «es fácil, si se

acostó conmigo, lo hace con cualquiera», independientemente de que tú tengas el mismo derecho de acostarte
con quien quieras. Esa valoración externa todavía pesa,
aunque no debería ser así. La mayoría, si no es que todas
las mujeres, necesitamos cierta contención; habrá química, una mirada y entendimiento, pero se necesita algo
más que sólo ir y acostarse nada más porque sí. Es muy
femenino el hecho de que, cuando estás con alguien,
sientas algo más allá, algo especial; necesitamos que esa
relación sea algo único, a pesar de que seamos tan sexuales e instintivas como un hombre.

Los hombres son criaturas con dos piernas y ocho manos.
—Jayne Mannsfield

M En una primera cita haz lo que tu instinto, deseo, corazón y cabeza decidan, pero que sea una decisión integral, no te puedes ir sólo por el sexo, por la
cabeza o por el corazón. De verdad tienes que preguntarte por un segundo: «¿quiero, hasta dónde, cómo me
voy a sentir mañana?». A veces te sientes presionada,
porque también está el «¿y si no me llama mañana?».
Si no te va a llamar no lo va a hacer, te acuestes con él
o no, no tiene que ver con eso. La honestidad debe ser
lo primordial, si va a ser un acostón, ten claro que va a

ser un acostón; para qué te van a prometer cosas que no están dispuestos a cumplir, ahí debes darte cuenta si el **hombre** que tienes al lado, en primer lugar, vale la pena, en segundo, si está siendo honesto, y tercero, mañana qué, porque el momento puede ser mágico pero el día siguiente puede ser una pesadilla para ti. Piensa con quién estás, por qué saliste con él..., si es una aventura, que sea una aventura, como por ejemplo el tipo que te ligas en el antro, no te acuestes con él o ten en cuenta que obviamente no pasará de un acostón. Si sales con alguien en alguna «cita», seguro habrá algo más, porque al menos ya existe una intención: que pase por ti y vayan a un lugar son cositas que cuentan. No te dejes cegar y pregúntate si vale la pena vivir esa experiencia a pesar de lo que él haga después.

Depende de la edad, la educación y la clase de persona con quien te encontraste, o si se gustan. Lo que yo viví fue algo fresa y no sé si estuvo bien o mal, ahora que han pasado los años me doy cuenta de que no hubiera tenido nada de malo darle un beso a alguien que me gustaba en la primera cita. Más bien, una tiene que hacer las cosas que quiera, pero con responsabilidad y sabiendo cuáles podrían ser las consecuencias; sobre todo pensando cómo te vas a sentir después, con la conciencia de lo que quieres. No puedes estar segura de lo que va a suceder, pero conoces en general las consecuencias. ¿Quieres divertirte? Diviértete. Si te vas a comer un postre con bastantes calorías y lo vas a disfrutar, disfrútalo, pero si luego de comértelo vas a estar sufriendo por todas esas calorías, y te vas a arrepentir, no lo hagas. Todas tenemos la certeza —tengas la edad que tengas— de las consecuencias, o qué será lo más probable que suceda. Se trata de conocerse a una misma, porque también está el arrepentimiento por no haber hecho nada. Si vas a tomar una decisión, procura que sea lo más consciente posible, es decir, en la primera cita ni ahogarte en alcohol ni consumir algo que te haga hacer cosas de las que te puedes arrepentir.

Es una decisión personal, y también tiene que ver con tu educación y con saber bien qué quieres. Hay personas con quienes puedes sentir magia durante la primera cita, aunque sigo creyendo que hay que irse con cuidado, a veces la necesidad de estar acompañadas nos hace cometer tonterías: no razonamos. Hay que poner atención, cuando no conoces a fondo a alguien puede ser arriesgado; por otro lado, a veces nuestra actitud de urgencia en el primer encuentro los asusta. Varias mujeres, si encuentran magia en ese nuevo hombre, toman una actitud posesiva, que los ahoga, y lo que menos les gusta a los hombres es eso, aunque también ellos hayan sentido esa magia y, como conse-

cuencia, salen corriendo. ¿Acostarse con ellos? No sé...
Yo creo que no. No lo juzgo, pero sí creo que la primera
cita no es para acostarse, hay que ir con calma.

*Un hombre no necesita ser perfecto para hacer
feliz a una mujer.
Todo lo que necesita en realidad es quererla
como prometió la primera vez
que salieron juntos.*
—*Tomada de Twitter*

Claves de seducción

En el ligue es importante que sonrías, que le sostengas la mirada a alguien dos segundos y después te voltees, ese tipo de juegos. Debes saber qué clase de hombre quieres que se acerque a tu mesa, o a tu lugar o en una reunión; tú mandas el primer mensaje, le cierras el ojito o agitas el pelo, él se da cuenta y tiene que actuar, eso no ha cambiado. Si tú eres la que decides acercarte a su mesa, le facilitas todo, y ellos son cazadores, no lo olvides, debes permitir que él tenga esa parte de conquista. Si quieres ligar, ponte bonita, arréglate, porque no vas a conseguir nada con tus peores garras, aunque también se puede dar la casualidad.

No aceptes subirte a un auto con hombres extraños. Y recuerda, todos los hombres son endemoniadamente extraños.

—Robin Morgan

El ligue hoy: Facebook, Twitter, páginas web

En el ligue en Facebook, Twitter, Tinder o páginas web debes tener precaución porque, en realidad, muchas veces no sabes la identidad de la persona quien está al otro lado. Se dice que más del setenta por ciento de la gente miente en su perfil, y varios ven en estos encuentros por internet una manera fácil de tener una aventura, así que todo depende de qué es lo que tú deseas. Obviamente hay relaciones que se dan por estos medios y está bien, pero si se van a conocer, que sea en un lugar público, que tu amiga esté en la mesa de al lado, o que tus amigos estén pendientes en caso de emergencia o te recojan en un sitio. De verdad, hay gente que utiliza estos medios para hacerte pasar una mala experiencia, siempre ten cuidado. Aunque también, por otro lado, cada vez conoces más personas quienes han encontrado a una pareja o alguien *con quién pasarla bien. Así que si te atrae esta idea de ligar a través de redes sociales, hazlo, pero no te dejes ir por la fantasía ni la idealización, mejor hasta que lo conozcas en verdad sabrás qué tantas posibilidades tienes de algo más con él.*

A *Es bueno y malo, porque varias personas se expresan mejor mandando un mensaje, un correo electrónico, que en persona; a veces cuesta trabajo encontrar las palabras que queremos decir y sobre todo de frente, viendo a los ojos. Tiene cierta magia y encanto escribirse, mandarse mensajes, fotografías, pero es peligroso y arriesgado porque te da fuerza para soltar cosas que en persona no dirías; además tiene su lado fantasioso. Pero si te topas con alguien que no conoces y se dedica a mentir, no sabrías en verdad quién es; así como nos creamos en la mente un ideal de lo que nos gustaría ser, lo subimos a una página, y no somos algo ni cercano a eso. Son rarísimas las relaciones exitosas en ese sentido. Hay situaciones conocidas que nos dicen que vale la pena correr el riesgo, pero sabiendo que hay peligros porque es una cita a ciegas, nunca sabes con quién te va a tocar, y a la hora del ligue todos tratamos de aparentar, de enseñar nuestra mejor parte. Sin embargo, debes estar consciente de que es muy inseguro soltar información, por eso se* debe hacer con cuidado; en las relaciones de pareja nadie te garantiza nada, con computadora o sin ella.

Riesgos hay en todas las relaciones. Cada vez escucho más historias de gente que se conoció a través de la web y se enamoran de verdad, hasta terminan casados y siguen juntos, esto es maravilloso, fascinante; pero siempre hay que poner atención porque a veces inventamos cosas estando de incógnito, en el anonimato. Puedes tener buena suerte, nada más hay que estar alerta. Quizá esa pueda considerarse una primera parte de la relación o amistad, y te ayude a conocer a alguien, pero en la primera cita en persona es cuando tendrás que estar prevenida y actuar como si fuera un desconocido total, con pies de plomo.

No seas lapa... grrrr...

Hay mujeres controladoras, pero mientras más los acosas, más les chocas. Algunas basan su seguridad en el hecho de que el otro esté ahí, otras son capaces de hablarle a la secretaria, mandarle regalito de Navidad, o con cualquier pretexto, enterarse de la agenda de sus parejas o maridos: saber dónde, cómo y con quién se mueven; pero si te van a ser infieles lo serán, más allá de que seas la control freak, capaz de revisar el celular si se va al baño, conocer todas sus claves y hasta pedirle que compartan cuentas y contraseñas, de modo que puedas entrar a su correo y él al tuyo. Sin embargo, cada quien necesita su mundo particular y privado.

No puede haber control, cada quien debe tener su espacio, es decir, si va a ver a sus amigos en una noche de hombres, no puedes llegar a la mitad. No le puedes llenar su casa con tus fotos para que sepan que es tuyo, ni llevar tu cepillo de dientes a su casa de buenas a primeras. Son terrenos y tiempos de cada quien y se deben respetar. No puedes exigirle que cambie su estado en Facebook, él tiene que decidirlo; si significa algo para ti, pregúntale por qué no lo ha hecho, y si te dice que así le gusta, ya sabrás qué hacer. Hay maneras de preguntar sin imponer, pero si se siente ahogado y asfixiado va a terminar yéndose de tu vida. Te aseguro que tú harías lo mismo.

A Hay hombres quienes exigen tu atención, que reclaman apapacho, que te celan, pero esto puede sacar lo mejor o lo peor de ti. Tienes que darte cuenta de que no puedes ahogar a una persona más allá de lo que te pida o esté buscando, porque hay un límite que tiene que ver con el amor propio, no te puedes convertir ni en el tapete, ni en una persona al servicio de tu pareja. No hay que acosar ni asfixiar, por mucho que se amen: hay que confiar.

La idea es no ser lapa porque eso no ayuda, no funciona. A veces cuesta trabajo: hay hombres que tal vez te generan dudas o les gusta sembrar sospechas acerca de dónde están y con quién, y no te dan esa seguridad que necesitas; pero aún así hay que aguantar y resistir la duda hasta estar seguras. Si es un hombre que te da confianza, tranquilidad, o aunque no sea el caso, no tienes que llegar al extremo de hacerlo sentir acosado, asfixiado, porque no se sentirá amado, y una de las características masculinas es que les gusta la libertad.

Mientras más lo cuestionas, más flojera le das, aunque existe la necesidad de preguntar, porque la comunicación es importante. Sin embargo, cuando llegas a ese punto en el cual de una pregunta pasas a otra y otra, hay algo que no está bien, ya sea con tu autoestima o con la confianza que él te da. Más allá de preguntar, habla, di lo que sientes y lo que te motiva a hacer preguntas. Que te estén cuestionando, siendo que no quieres platicar ciertas situaciones de tu vida, es incómodo, molesto; en lugar de sentirte feliz o que hay interés, experimentas acorralamiento. No es necesario llegar a esto, lo ideal sería hablar, conocerse a fondo, y también desde el principio y a tiempo poner ciertos límites, que quede bien claro lo que quiero que sepas de mí, y las cosas que me quiero guardar, y eso no significa que te amo menos, o que no quiera estar contigo, o que de plano no te ame.

Cuando una persona te ama y quiere estar contigo, estará, no necesitas cuestionarlo. El pasado fue, ya no existe, y esa persona es quien es gracias a su pasado; aprendió, cometió errores o estuvo enamorado, pero ese no es tu problema. La situación es que ahora él quiere estar contigo, para qué cuestionar o dudar.

Hay que aprender a soltar, nada más que cuando soltamos demasiado, las relaciones se pueden enfriar, porque te habitúas tanto a la libertad como a la soledad. Por supuesto, algunos trabajos son exigentes, hay responsabilidades que atender fuera de la pareja, pero cuando te das cuenta de que se han soltado demasiado, enfrentas el riesgo de que te acostumbres, no das el tiempo necesario al amor y a la relación de pareja, y ésta se deteriora. Dice una frase: «Ten cuidado de qué tan lejos me empujas, porque tal vez puede empezar a gustarme».

Desde que me casé me siento más libre de lo que era, al contrario de quienes ven en una relación formal una atadura o algo forzado en un compromiso. Esa libertad no sólo tiene que ver con estabilidad y la felicidad de estar enamorados y compartir, también es por la tranquilidad, seguridad y sosiego; sin embargo hay que cuidar que esa libertad no se vuelva abandono ni algo insalvable.

No se sofoquen uno al otro. Nadie puede crecer bajo una sombra.
—Leonardo Buscaglia

Amar en libertad es darte espacio, darle a tu pareja su tiempo, no estar encima, llamándolos constantemente; que cuando estén juntos se sientan felices y no al lado de un juez, de una persona que está analizándolos con lupa, interrogándolos. Lo importante es que recuerden esos momentos como instantes felices, intensos, positivos, de risa, alegres, no de estar al lado de alguien quien todo el tiempo los cuestiona. Eso simplemente los empuja a estar en otro lado, o ya no querer estar en la relación.

Saber cuándo alejarse y cuándo acercarse es la clave para cualquier relación duradera.
—Doménico Cieri Estrada

Los celos, una prisión

Los celos son el infierno de quien los tiene: nada garantiza que una persona esté en tu vida más que su propia voluntad. Los celos te enferman, te hacen sentir insegura. Si el otro se va a ir, te va a dejar, va a ser infiel o te va a hacer sufrir: lo va a hacer, sientas o no sientas celos. Mejor pásatela bien, goza la relación, preocúpate por ti; el énfasis no es en el otro, sino en ti. Si tú estás bien, si fluyes con la vida, él va a querer estar contigo, porque además ese tipo de sospechas alejan. Hay celos ricos y tranquilos, porque tampoco está bien andar con alguien a quien le importe poco si te voltean a ver, si te coquetean, si se te insinúan. Lo que no pueden ser son los celos obsesivos o controladores, como cuando te dicen: «Mi vida, ¿no traes la falda muy corta?», tú le debes contestar: «Me puse esta falda para mí (o para ti)», y él arremete diciéndote: «Pues vas y te cambias». O sea, ¿¿Perdón?? Una no debe permitir ser víctima de un hombre celoso, porque una cosa son los celos normales y otra los enfermizos; ten claro desde el principio qué vas a permitir, y si se suscita una situación que te incomoda, díselo. Las mujeres deberíamos hacer una lista previa de las cosas que no permitiremos en una relación, como la impuntualidad, la agresión, la indiferencia, etc.; o lo que sí aceptaríamos, porque cuando estás enamorada a veces todo se te olvida, lo pasas por alto o le restas importancia. Debes tenerlo bien claro para no perderte. Dejar claro lo que te gusta desde el inicio para que luego no haya sorpresas.

A En una relación existe un contraste: no hay que soltar tanto, pero tampoco te puedes aferrar. Si de verdad él no quiere estar, no estará, así le preguntes cien mil veces dónde anda o con quién. A veces los celos te hacen parecer tonta, irracional. Depende del grado en que los sientas, porque los celos enfermizos matan todo, y si la otra persona no te da tranquilidad es mejor no estar con esa pareja, es decir, no hay que buscar esa seguridad espiando, cuestionando, volviéndolo loco y de paso volviéndote tú también; es mejor estar sola o buscar alguien quien te dé esa calma que requieres sin necesidad de espiar ni preguntar, ni buscando pruebas en su celular o computadora; si vives eso con alguien, no vale la pena permanecer ahí.

Si él no quiere estar contigo, va a buscar la forma de mentirte o probar con otras personas. Los celos en algún momento hacen que tu pareja se sienta halagada, le dejan saber que tienes temor de perder todo, esos momentos inigualables que han vivido, pero tienen que ser discretos y no constantes. Si sientes celos y él los está provocando, tal vez no sea una persona que valga la pena; pero si te trata bien, está contigo, te da esa seguridad que todas necesitamos, no hagas tanto drama.

*Las suposiciones son las termitas
de las relaciones.
—Henry Winkler*

Qué hombre quieres: estabilidad/aventura

Es difícil encontrar a un hombre aventurero y estructurado a la vez... por lo general lo define más una de estas dos características. Con algunos dices: «este hombre es de cero compromiso, se la pasa a gusto y busca una relación más abierta...», pero si hablas de matrimonio e hijos no va a suceder. Habrá otros que te ofrezcan una relación con hijos, casa y todo, pero no te darán esa parte de la aventura de «vámonos aquí» o «allá»; tendrás que definir qué es lo más importante para ti, qué pesa más en el momento de vida en el que estás o, por ejemplo, si el hombre tiene una estructura conservadora y tú eres aventurera, invítalo; si él es aventurero y tú eres más estable, compártele tu estructura; ¡qué flojera que los dos sean iguales! El reto de la relación es aprender del otro, bajar tus expectativas del hombre perfecto y aprender mutuamente, esa es la clave para una relación duradera. A las mujeres nos educaron más en tener todo estructurado, lo vivimos desde niñas, pero dependerá de lo que quieras *vivir: una relación duradera o una aventura. Si te quieres casar ahorita o en veinte años, da igual, no te tienes que casar a una edad, pero sí debemos tener presente que las mujeres tenemos un reloj biológico para tener hijos y los hombres no, eso a veces nos presiona. Ten en cuenta también la diferencia de edades, un hombre mayor con una mujer menor se da más fácil porque si él así lo desea puede tener hijos; pero si una mujer anda con un hombre menor, el conflicto básico será procrear, porque o él no tiene la estabilidad económica, mientras que tú ya la tienes, o cuando tú ya no puedas tener hijos él va a querer tenerlos. Elegir pareja es una de las cuestiones más complejas, son varios factores los que entran en juego: desde la química y el amor, hasta el carácter, valores y personalidad..., por supuesto, hay más diferencias además de la edad, como las religiosas, de piel, culturales, etcétera.*

La pareja tiene que «ponerse las pilas», sacar lo mejor del otro, no dar por hecho que la relación va a caminar sola porque esto puede llevar a la monotonía, al aburrimiento y hastío, siempre tenemos la posibilidad de reinventarnos y ponernos nuevos retos, así que aventurero o estable, siempre habrá un área interesante por descubrir y experimentar.

A   *Mejor un campechano, que traiga de todo, pero depende de la etapa de vida que estés atravesando. En general deberías vivir las dos cosas, aunque está difícil; tendrías que encontrarte con alguien con el que puedas sentirte estable y feliz, pero también con quien puedas tener la capacidad de ser aventurera, disfrutar y no aburrirse: no es nada sencillo. Todos en algún momento caemos en la rutina, no sólo en el matrimonio, también en la vida, en el trabajo; llega el momento en el que debes cambiar de ejercicio. Lo ideal es tener las ganas, el interés y el compromiso de renovar, no permitirse llegar a ese punto en el que no hay vuelta atrás.*

Puede haber un equilibrio: obviamente todas buscamos estabilidad y tranquilidad, pero también está padrísimo que un hombre se ponga nuevos retos, que esté en la búsqueda de algo más; tal vez en su trabajo requiera viajar constantemente o le guste vivir conociendo nuevos lugares, siempre estar en movimiento, desplazándose de un punto a otro. Me encanta esa actitud, porque estos hombres pueden ser más vitales en muchos sentidos. La estabilidad está increíble, obviamente, y más en el momento en que tienes hijos, pero también ellos pueden subirse al tren de la aventura y buscar la manera de que haya equilibrio. Al vivir en un punto medio entre la estabilidad y la diversión y pasarla bien, tendrás más tranquilidad como mujer y como madre, y tus hijos también, aunque ¡claro!, la aventura hace más interesante la vida.

No dejo de ser yo por ti

Esto es básico. Estamos tan acostumbradas a permear en el otro, que en ocasiones nos inmolamos y nos perdemos en nuestro hombre olvidándonos de nuestras amigas, nuestras pasiones, sueños, creencias porque somos capaces de «todo» por amor; pero se aprende con la vida que hay que amar sin abandonarse, entregarse sin perderse; puede ser todo un reto y el mayor aprendizaje. A veces vamos como con hoyos en el cuerpo, llega alguien, los llena y nos agarramos de ahí, le damos nuestro poder a esa persona, y cuando se va, nos vamos con ella y ya no queda nada para nosotras: las amigas ya no están porque las dejamos, el círculo social, el trabajo, nuestros sueños… Ir recuperándonos y renacer es sumamente doloroso.

Si te dejé de buscar... fue porque me encontré.

—Tomada de Twitter

*Hay que amar con todo tu ser pero **sin dejar de ser,** siempre siendo tú, desde ti, sin dar el poder de lo que tú eres. Ese es el reto, y por esto es preferible no entrarle a una relación cuando estés necesitada o cuando veas que él no es la persona con quien debes* *estar, porque si lo analizas, es tu necesidad la que se está fusionando con él, no el amor. Es mejor pasar por todo un proceso personal de valoración y amor propio, y no tener una relación hasta que llegue el momento en que sea de verdad, no desde el vacío, no desde la carencia, sino desde quien eres, con tu luz y oscuridad, y las de la otra persona. ¿Es posible? La pregunta en una primera cita debería ser: «dime cuál es tu peor parte»; empecemos con lo oscuro, ver si eres capaz de admitir tus errores y los de él; si en el principio habláramos a partir de aquí, antes de decir: «qué lindo eres», podríamos nutrirnos más, trabajar desde otro lugar.*

*A mí me llevó tiempo entenderlo, antes les di mi poder personal a otros, era tanto lo que «daba» que me quedaba sin nada, sin **mí** cuando la relación dejaba de funcionar, y me di cuenta de que a veces acepté compartir mi vida con alguien porque era mejor a estar sola. Trabajar en mí fue difícil, pero al mismo tiempo fue hermoso aprender a amarme, a valorarme, a saber que merezco una relación sana y hoy puedo amar con todo mi ser, hoy puedo ser vulnerable sin miedo a perderme en el otro. Hoy puedo ceder sin «cederme». Sí se puede, te lo aseguro.*

A   Sin duda es inevitable, y también a ellos les pasa. Al inicio, con las ganas de juntarse y de sentirse amada e importante para la otra persona, nos vamos mimetizando y tratamos de que nos gusten las mismas cosas, o de subirlos en nuestro tren y a nuestros gustos. Es lo más normal; lo que no es normal es que tengas que ceder a cosas que aun probándolas no te gusten. Si esa persona en la que te convertiste no es alguien agradable, o has cambiado de tal manera que tus amigos ya no te reconocen, tu gente ya no te ve, no quiere estar contigo o no siente un cambio positivo, no vale la pena. Si te encuentras con alguien que saca lo mejor de ti, y que te ayuda a cambiar, a ser positiva en varios sentidos, es increíble, pero depende de qué clase de cambio exista, ya que algunos son buenos y otros no tanto. Tu esencia es diferente a los demás, ahí permanece y en algún momento, si estás haciendo algo que no disfrutas, ella misma te lo va a reclamar. Hay que tener cuidado con eso.

No trates de cambiar a la gente, sólo ámala. El amor es lo que nos cambia.
—Tomada de Twitter

El halo de misterio: infalible

M Siempre tienes que dejar algo de misterio; cuando somos un libro tan abierto ante nuestra pareja (porque creemos que eso es la honestidad), ya no dejamos nada por descubrir. Siempre hay que ser alguien que el otro tenga que encontrar, porque cuando das por hecho que lo conoces y crees que ya sabes cómo va a reaccionar, empieza a valer todo, porque ni tú lo conoces, ni él sabe quién eres al cien, además de que todos vamos cambiando aunque no lo notemos, nunca somos los mismos del día anterior. Debemos ser conscientes de que somos un misterio para nosotras mismas, que somos un reto porque esto nos da la posibilidad de seguir trabajando en la pareja, si no, dirás con cierta soberbia: «ya me aburrí», porque ni siquiera sabemos todo de nosotras.

A Dicen que es bueno tener experiencias y sentimientos sólo para ti, es cuestión de personalidad: las mujeres tenemos la tendencia a ser más expresivas, los hombres se guardan sentimientos que les hacen daño, les avergüenzan o les traen malos recuerdos, pero se vale también ser un poco enigmático, es una decisión personal.

El toque de mujer misteriosa le da un plus a tu personalidad. Siempre hay que dejar un poco a la imaginación, sobre todo, obviamente, a la hora de ligar, al momento de empezar la relación, pues resultará atractivo para los dos. Si nos desbocamos y contamos todo, o incluso queremos hablar de más, se aburren. El misterio es atractivo, siempre hay que reservarnos un poco; si tenemos ganas de hacer o compartir algo con ellos, hagámoslo; pero tal vez paso a paso, en pequeñas dosis para que después se queden enganchados y con la curiosidad de saber más de ti.

Es importante recordar que todos tenemos magia dentro de nosotros.

—J. K. Rowling

Tips

- Si aún no tienes pareja, haz una lista de todas las cualidades que aprecias en un hombre y trata de visualizarlo; cuando aparezca tendrás claro cómo quieres o no una relación, qué aceptas o no de él. Y mientras eso ocurre trabaja en ti misma para ser una mejor persona. Recuerda: uno atrae lo que es.

- Si ya estás en una relación, encuentra cuáles de sus rasgos te parecen atractivos, intenta separar tus emociones y expectativas para verlo tal como es, y en qué es distinto de ti, lo que tiene de individual y valioso; aprende a amar las diferencias y, sobre todo, a aprovecharlas para hacer actividades nuevas juntos.

7
Amor
La única enfermedad que todas queremos padecer

El amor es la historia de la vida de las mujeres y un episodio en la de los hombres.

—Madame de Staël

No esperes hasta que estés teniendo sexo para empezar a hacer el amor. Que cada momento de tu relación sea una oportunidad para hacer el amor desde tu corazón.

—Barbara De Angelis

¿Cuál es la diferencia entre el enamoramiento y el amor?

El enamoramiento va de la mano con las ilusiones, con lo que puedes necesitar como persona, como mujer, con la idea de que el otro es un ser perfecto «justo como siempre lo soñaste», sólo que algunos estudios confirman que pasado un tiempo, si sigues pensando en esa persona, si te sigue haciendo feliz y deseas hacerlo feliz, si te ves a futuro con él, si te sigue generando ilusiones, entonces eso se convierte en amor; si no es así la pareja se separa, sólo el tiempo hace que te des cuenta de que hay cosas más allá de aparentar que todo es lindo, que tú eres perfecta, que él es perfecto; hay un punto en el cual observas que más allá de sus defectos, quieres estar con él, lo amas, quieres hacerlo feliz y te sientes dichosa con él, y viceversa. Si te sientes segura con un hombre, te hace sentir amada y eres valiosa para él, entonces es cuando comienza el amor.

*La principal causa de la infelicidad
nunca es la situación,
sino tus pensamientos acerca de ella.*
—Eckhart Tolle

En el enamoramiento tendemos a poner nuestra mejor cara (nuestra mejor máscara), no somos tan auténticos como siempre, pues mantenemos nuestras barreras y ocultamos nuestra parte oscura, y él también; transitamos en un enamoramiento donde todo es perfecto, donde él es perfecto, estamos como drogadas, la dopamina se va a niveles altísimos en el cerebro y vemos al otro en todo su esplendor, como si estuviéramos en las nubes, y en esta etapa es prácticamente imposible ver sus defectos. Si tu pareja es impuntual, dices «ay... pobrecito, se quedó trabajando o seguro fue el tráfico» y lo justificas; si decías «no andaría jamás con alguien prepotente», y le habla mal al mesero, dices «ay, bueno, es que tuvo un mal día»; si no le pasa dinero a su mujer, lo justificas diciendo «es que la exmujer es una bruja». Tendemos, durante el enamoramiento, a justificar todas las conductas del otro. Pasar al amor es lo mejor que te puede suceder en la vida, pero no en todas las relaciones ocurre, porque implica ACEPTAR al otro tal cual es, con todos sus defectos, con todo lo que trae, es decir, «A PESAR» de cómo es. Dar un paso a la etapa del amor es estar preparada para entender que no somos perfectos, y estar conscientes de qué tanto puedes aceptar del otro, porque es fácil estar en las buenas con alguien, con sus virtudes, pero se trata también de ver sus fallas y ser solidarias. Según estudios, el enamoramiento dura desde tres meses hasta cuatro años, aunque la mayoría afirma que son tan sólo nueve meses, posteriormente entras a esta etapa en la que pones a prueba tus emociones y sentimientos, y truenas o te deslizas en una relación basada en el amor. Éste implica respeto por el otro, pero sobre todo aceptación. Nos cuesta trabajo porque queremos modificarlo: tendemos a querer hacerlo a él como desearíamos que fuera, acoplarlo a nuestra concepción de lo que debe ser, ajustarlo a nuestro ideal y prototipo, sin darnos cuenta de que, aunque lo consiguiéramos, eso no es real y no tiene probabilidad de éxito porque tarde o temprano nuestra naturaleza se manifiesta.

Tratar de cambiar al otro no funciona, el cambio viene de adentro, y sólo si él lo desea: así que lo tomas o lo dejas con todo lo que es, y tomar a alguien con sus defectos, y que te tome a ti con los tuyos, es un verdadero acto de amor.

El enamoramiento sucede al principio, como los primeros minutos en el horno; todo se va preparando, ya está la mezcla que puede resultar en algo bueno, en el pastelito. Es pura expectativa, cosas lindas, empezar a descubrirse, dicen que hasta tiene que ver con algo de mentira, pues en esta parte aparentamos ser más dulces de lo que somos, mejores en todos los sentidos, siempre tratando de quedar bien; nos sale ser encantadoras e irresistibles para la otra persona; es decir, encierra un cierto engaño hacia el otro, no a propósito, es algo inconsciente, natural, sólo para impresionarlo porque te agrada, porque quieres gustarle más y que funcione. Es estar en medio de algo mágico, hay un esfuerzo mutuo por no sacar a relucir lo que sabes que no está bien de ti (todos sabemos que tenemos guardados demonios y cosas negativas que podrían ahuyentar al otro). El enamoramiento es mágico, babeas, ves todo perfecto en la otra persona, justificas actitudes que tal vez en los demás no te gustan: sueñas, haces planes a futuro, no quieres separarte nunca. Todo es bonito, quizá hasta ficticio.

Por otra parte, a mí me gusta más el amor, cuando te das cuenta de si la relación vale la pena: cuando llega el momento de una discusión ver qué pasa con la otra persona, qué hace, qué sucede cuando encuentra que no soy perfecta y tengo cosas que pueden no gustarle. El amor es ir más allá, decidir si me quedo o salgo corriendo. Abres los ojos y te das cuenta de que esa persona también tiene defectos y dice o hace cosas que no te gustan, entonces te enfrentas a situaciones en las que tienes que decidir si quieres continuar.

> *El amor te pone frente a una realidad, y se fortalece la relación porque ambos aceptan que tienen que adaptarse a circunstancias, que hay que dejar de hacer lo que al otro no le gusta, pues si amas a alguien te adaptas, te acoplas y decides si vivirás admitiendo lo que no te agrada: pones en una balanza lo que amas y lo que no aceptarías, y decides qué pesa más. Superar el enamoramiento es el inicio del camino al amor.*

Desear a alguien es fácil.
Amarlo es difícil.
Que te agrade es más importante.
—Carl Reiner

¿Qué significa amor hoy?

El amor es el sentimiento más puro que podemos tener por alguien, no depende de tiempo ni espacio, nos hace universales, seres espirituales. Con todo, aún nos falta desprendernos del viejo concepto del amor romántico en el cual poníamos todo nuestro mundo en conexión con alguien fuera de nosotras, pensando que el otro va a llegar a nuestra vida y la va a llenar de colores, felicidad, encanto; cuando todo esto lo tenemos que poner nosotras en nuestras vidas. Nos perdemos en esa concepción romántica de que la pareja va a completarnos, de que el amor lo es todo en la vida, y somos capaces de hacer varias cosas por este sentimiento..., incluso sacrificarnos e ir en contra de nosotras mismas; sin embargo, el amor, en el término más amplio, es la aceptación del otro con todo lo que es.

El amor, en cuanto sentimiento, no cambia; se modifica nuestra concepción, nuestra manera de vivirlo. Hoy hay menos restricciones, antes estaba supeditado a lo que la sociedad pretendía; tenemos mayor liberbertad, pero también mayor compromiso: si estás con alguien va a ser por amor, anteriormente otros factores intervenían (los cuales siguen existiendo para algunas personas), como la economía, el poder, los intereses familiares, el apellido, etcétera, pero básicamente hoy puedes quedarte en una relación más allá del dinero, más allá de lo que se espera de ti, más allá de tu tendencia sexual. Antes, si eras mujer, tenías que casarte a fuerza con un hombre determinado; hoy puedes elegir a la pareja que tú quieras, tienes más libertad para amar y se aceptan otras situaciones. Una abogada me preguntó por qué me iba a divorciar, y le dije: «porque no soy feliz», entonces me contestó: «¿Y quién te contó que el matrimonio es para ser feliz?, si no está constituido para eso, sino para proteger el vínculo de la familia». Entonces, te das cuenta de que el hecho romántico de decir que matrimonio es igual a amor, igual a felicidad, nos ha hecho daño, porque no entendemos que no son sinónimos y que el amor hoy es un privilegio que hemos ganado con nuestra libertad. An-

tes varias mujeres simplemente no podían optar por tener o no una relación, debían asumirla porque era lo indicado socialmente, estuviera el amor presente o no, porque convenía al reino, a la casa, porque debías tener un hombre quien te mantuviera y cuidara. En eso ha cambiado el amor: como sentimiento sigue siendo igual, es universal y se ama igual aquí que en China, pero los condicionamientos sociales nos permiten hoy amar desde otro lugar. Lo mejor que te puede suceder es tener la posibilidad y la capacidad de amar en conciencia, con los ojos bien abiertos y con las alas extendidas, a quien llegue a tu vida; **crecer y evolucionar juntos.**

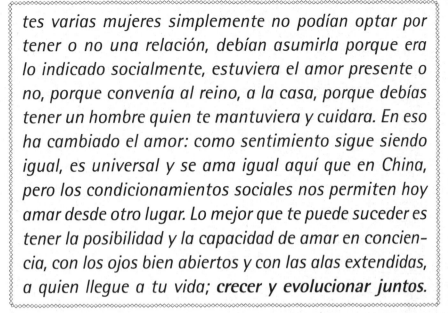 En la actualidad la gente suelta más fácil un «te amo». El amor fue, es y será lo mismo, o por lo menos tendría que ser así; pero sucede que ahora se le da un sentido distinto y se sueltan esas palabras de pronto, a veces sin sentirlas. Hay que cuidar lo que decimos antes de expresarlo, estar seguras de que en verdad lo sentimos, porque damos ilusiones a una persona y se expresan palabras nada más para tenerla cerca de nosotras, en lugar de sentir el amor. Este sentimiento, más allá de las épocas y los tiempos, permanece igual, lo que cambia es el modo de expresarlo entre las parejas, según sus personalidades y maneras de vivirlo. Al amor lo tienes que practicar, suena muy jalado pero es el verbo, la acción, se trata de hacer, más que de decir.

Las formas se han modificado porque las mujeres, sobre todo, también nos hemos transformado, pero el amor es el mismo siempre. Es lo que te mueve, lo que te impulsa a lo que hemos platicado anteriormente: a ser mejor persona, a disfrutar la vida con los cinco sentidos; tristemente hay quienes dicen que el amor, hoy en día, les parece desechable. Si es así, a lo mejor se refieren al enamoramiento, y si dura poquito, pues era sólo ilusión; el amor verdadero te mueve, te ayuda a cambiar, a modificar ciertas cosas que sabes que no ayudan, es lo que te inyecta fortaleza, te da una mano para salir adelante en momentos difíciles.

Enamórate cuando estés lista para ello, no cuando te sientas sola.

El amor siempre debe estar en movimiento

Nos dijeron que el amor era eterno, que te casabas o estabas con una pareja e iba a durar toda la vida, y ahora te das cuenta de que no es cierto. También nos vendieron la idea de que ibas a tener un solo amor para toda la vida, y tampoco es así; esto suena fuerte porque amar a alguien es un trabajo, no un trabajo en sentido negativo sino que es algo que tienes que desarrollar, fomentar y alimentar. Eso que decían las abuelitas de que «debes regar la plantita», es verdad. Si tú no la riegas todos los días, si no trabajas en el amor y lo das por hecho, se acaba. Es un sentimiento que tienes que alimentar, es una actitud, es un verbo en toda la extensión de la palabra. Sin embargo, pensamos que no es así, que si amamos a alguien, ese amor se va a quedar ahí y solito se va a alimentar, pero si tú no lo nutres, el amor se acaba. Antes las mujeres que enviudaban seguían amando a ese hombre supuestamente por el resto de su vida, o te casabas con un solo hombre. Hoy nos damos cuenta de que se pueden tener diferentes amores y todos poseen un tiempo, y sólo si ambos se comprometen a alimentar ese amor, dura más; pero si no, se desgasta. Hay personas que encuentran al amor de su vida –y qué bendición–, pero la verdad es que la mayoría no lo hace; hoy amamos a una persona, se va de nuestra vida, llega otra y te vuelves a enamorar. Lo principal es tomar la decisión de amar a alguien, tener el compromiso de amarlo y jugártela, para que ese amor se alimente. Porque este sentimiento tiene pruebas, como en las telenovelas, una pareja enfrenta obstáculos en su relación, y del mismo modo todos vivimos una telenovela, porque los obstáculos para el amor son los retos más fuertes. En unos casos pueden ser la monotonía, uno mismo, el alcohol, otras personas, las tentaciones a las que todos estamos expuestos. Amar a alguien implica una decisión, trabajar en la relación para que ese sentimiento se expanda; dar algo por hecho es el principal obstáculo.

M ¿Se pueden tener varios amores en una misma vida? Sí, es una realidad. No obstante, las mujeres de antes, a quienes se les moría el marido, por lo general decían «me quedo viuda para el resto de mis días»; algunas porque no tenían ninguna opción, otras porque en verdad otro hombre no cabía en su corazón. Por ejemplo: mi exsuegra amó toda su vida a su marido, quien fue su único amor, se quedó viuda hace años y aún lo sigue amando y cantándole todas las mañanas, como cuando los dos tenían un matrimonio amoroso. Sin duda ambos fueron afortunados y superaron todas las pruebas, pero no siempre pasa así..., por lo general hoy en día no te casas con tu primer novio ni con quien te acuestas primero, como en antaño; ahora se tienen diversas relaciones y parejas sexuales, y puedes llegar a amarlas profundamente, eso no hace que una relación valga más que otra. De cada una se aprende, en cada una se vive un amor distinto.

Hay quienes tienen la suerte de encontrar al hombre con quien compartirán toda su vida, y hay a quienes se les presentaron diferentes oportunidades de amar; sea cual sea el caso y el tiempo que dure, no se puede dar por sentado que el amor crecerá solo.

Amor no es sinónimo de noviazgo, matrimonio o amasiato... El amor necesita alimentarse con detalles, cariño, solidaridad, comunicación, sexo, confianza, libertad, caricias, etcétera, para que crezca y sea el motor que mantenga unidas a dos personas, el tiempo que ambas decidan vivirlo.

Para que el amor siempre esté en movimiento hay que adaptarse a los tiempos, a las etapas. La realidad es que el amor primero empieza a moverse por sí mismo, y cuando llegas a ese punto en que sientes que algo debe cambiar, a veces ya es un momento crítico, si no cambias y adaptas ciertas cosas y transformas otras para salir de la rutina se puede morir, y tristemente nos damos cuenta demasiado tarde, quizá cuando asumías que esa persona sabía que lo amabas o viceversa, y de pronto descubres que se encuentran en el abandono, aunque tal vez aún se amen. Una se confía y deja o es dejada de distintas formas, no solamente saliéndose de la relación, sino con actitudes; simplemente renuncias a chulear, apapachar, dejas de hacer sentir al otro verdaderamente amado y apreciado. Si notas esto cuando todavía estás dentro de la relación y los dos quieren, vale la pena modificar ciertas cosas, moverlas.

Una relación es, creo, como un tiburón, ¿sabes? Tiene que moverse constantemente hacia adelante o se muere. Y creo que lo que tenemos en las manos es un tiburón muerto.

—Woody Allen

Respeto

El respeto es fundamental, no sólo el respeto hacia el otro, sino también hacia ti. Antes lo más importante para nosotras tenía que ser la pareja y la familia, las mujeres poco volteaban hacia sí mismas, pero ahora estamos conscientes de que, cuando empiezas por amarte, se puede iniciar una relación desde el amor, no desde tus necesidades o huecos: amas y respetas al otro desde otro lugar. El respeto es fundamental porque tiene que haber aceptación, es la clave principal en una relación amorosa; cuando no aceptas al otro, ésta empieza a fracturarse al controlar o invadir terrenos que no te corresponden. No quiere decir que no pueda modificarse una relación, obviamente habrá mucho que negociar; pero en cuestiones fundamentales, esenciales, o respetas y aceptas o valiste. En ocasiones, como lo hemos mencionado, creemos que podemos cambiar a una persona y no es así; cuando alguien cambia, su transformación viene desde el interior, quizá motivado por ti, pero es sólo una decisión personal. Es importante establecer límites en cada relación. Para ti puede ser importante tener una noche con tus amigas, un espacio sólo tuyo en la casa, puede molestarte que alguien conteste tu celular, o el tono que usa cuando discuten, y para él puede ser algo sin importancia. Conocer tus límites y los del otro, y llegar a acuerdos basados en el respeto, ayudará a la buena convivencia, y ahorrará conflictos.

El respeto es básico, empezando por ti. Es el que salva una historia, el que salva a una persona: el respeto a ti, a tu trabajo, a tu pareja... Hay que entender que, al final del camino, más allá de que la relación continúe, hace que las cosas se vivan mejor y duelan menos. Hay que ser valiente para respetarse a una misma y respetar a los demás, tienes que ser honesta.

El respeto en una relación debería posicionarse en primer lugar porque hasta para terminar la historia se necesita tenerse respeto: hablar, no gritar, fijarnos en cómo decimos las cosas, de qué manera te demuestro que «esto no me gusta», de qué forma te lo digo, porque a veces las palabras y las acciones nunca tienen vuelta atrás, pero si buscamos el cómo, incluso para expresar algo que tal vez puede romperle el corazón a alguien o ser doloroso, el resultado será de un respeto total.

Las personas con una imagen sana de sí mismas exigen respeto de los demás. Ellas mismas se dan buen trato, y con ello le indican al resto de la gente cómo debe tratárseles.

—Andrew Matthews

El desamor. Salir del infierno en que uno solo se ha metido

Para mí el desamor ha sido un alimento. Cuando estamos en el romance es increíble porque nos sentimos en la nube, las más felices... La verdad es que le tenemos miedo al desamor, como a todas las partes oscuras de los sentimientos, pero esto también te lleva a nuevos lugares en ti, a vivir distintas situaciones. Tampoco quiere decir que lo provoques porque seas masoquista, pero si estás viviendo desamor tienes que voltear a verte para saber dónde quedaste, en dónde tampoco tú te estás amando, porque cuando esto sucede tiendes a autodevaluarte, a pensar que estás mal, y el que alguien te deje de querer o se rompa una relación, no significa que no seas una persona valiosa, aunque es natural que el rompimiento te pegue en la autoestima, porque sí..., duele la traición, el desamor, un rechazo; pero si ya estás en él, sácale provecho, algo aprenderás de esta situación. Quizá esa persona no era para ti y tú estabas aferrada a la relación en la que creías que él era lo máximo, aunque no era así. A veces somos capaces de hacer todo por amor: buscar, rogar, ponernos de tapete. Pero de verdad, si alguien te deja, no lo llames; amárrate las manos, telefonea a tus amigas antes de llamarle a él. Si tú lo buscas para rogarle quedas en un peor papel que si tienes la suficiente dignidad para hacerte valer; sí, es difícil, seguro todas hemos suplicado en algún punto y hemos dicho «por favor, vamos a volver», pero es lo peor que puedes hacer cuando de antemano sabes que ya no hay remedio. Cuando algo se rompe es difícil pegarlo y si uno de los dos quiere irse es imposible recomponer la situación. En ese momento no estás volteando a verte, estás viendo hacia afuera. Lo más difícil del desamor es vivir el duelo, así hayas durado un día, meses o años; no se trata de tiempo sino de intensidad. Todas hemos sufrido en algún momento el desamor y nadado en el fango, pero tienes que nadar ahí, llorar, deprimirte, comer helado, romper una vajilla, como en las películas (es muy útil y liberador); mienta madres, grítalo, sácalo, vívelo, profundiza, esto siempre te va a llevar a un mejor lugar porque te verás fortalecida de alguna manera. Por favor, piensa que vas a volver a encontrar a un hombre, que vas a volver a amar, porque aunque es normal pensar que nadie más te va a querer, no es aceptable que te quedes con esa idea. Ciertamente podrías llegar a pensar que todos los hombres son iguales, pero no lo son; sucede que nosotras buscamos a hombres similares, repetimos patrones, pero eso es nuestra responsabilidad, porque lo que vibras es lo que atraes, es decir, lo que traes adentro es lo que vas a manifestar afuera. Primero revisa cuál es el patrón de conducta que te hace atraer a los mismos especímenes, porque de que hay diversidad, la hay, de que hay hombres disponibles, los hay. A ver, por qué no llegan *a ti los estructurados y estables, los que quieren una relación formal: tal vez porque tú tienes miedo al compromiso. El mayor reto en un proceso de desamor es que, pasando el dolor y la «flagelación», tienes que voltear y preguntarte: «¿en dónde me equivoqué?». Hay quienes le echan la culpa al otro, y en realidad hay que compartir la culpa; cuando dejas que tu pareja tenga «toda» la responsabilidad, no aprenderás nada, porque si algo te pasa, es porque tú lo permitiste, porque tú avalaste, sea lo que haya sido, incluso el maltrato físico, pues la primera vez te pueden agarrar desprevenida, pero ya la segunda es porque te quedaste. Si a la primera no saliste huyendo de un desgraciado que te agredió física o emocionalmente, o te puso el cuerno, ya no es sólo su responsabilidad, pues a la segunda vez tú ya avalaste una conducta, y eres corresponsable de eso; hay mujeres que incluso aguantan diez veces y hasta entonces dicen «es un maldito», pero me pregunto: ¿dónde estabas antes? Esa es la parte que nos falta: nos convertimos en mujeres que se pobretean y se quedan en el papel de víctimas, cuando el ideal es crecer internamente y darnos cuenta de que hay un cincuenta por ciento nuestro que hizo que esa relación no funcionara. Hacerte responsable de tu vida hará que en una futura relación estés más consciente.*

Para quienes se encuentran justo en un momento de desamor les tengo una buena noticia: de repente se te va el hechizo de tristeza que te provoca el desamor, un día te das cuenta de que ya no pensaste en él, que ya pasó el duelo. No es que de un día para otro se acabe, es progresivo, aunque hay mujeres frías, prácticas, quienes dicen «al siguiente día, rímel, tacones y ropa interior nueva; ¿ya se fue? ¡Bye!», y esa practicidad la aplican en todo. Otras somos intensas, de casi cortarnos las venas, lloramos, nos deprimimos y necesitamos un proceso... Date cuenta de que el desamor algo bueno tendrá, ha sido inspiración de varias canciones, películas, telenovelas, libros... Así que no lo busques, pero si llegó, sácale el mayor provecho y aprende de él.

A Enfrentar el desamor requiere honestidad. A veces confundimos la costumbre con desamor: tienes que aterrizar bien tus emociones y ver qué ha pasado con esa historia que compartieron juntos y discernir si es verdaderamente desamor, a veces la costumbre te hace pensar que se acabó ese sentimiento, es la responsable de que se pierdan las maripositas (aunque a veces las mariposas se pierden en uno o dos meses, cuando empieza la confianza), el deseo, los sueños compartidos; hay que crear nuevos ideales juntos. Cuando te acostumbras y te sientes bien viviendo con una pareja y conviviendo, llega un punto en el cual quizá ya no sientas la misma ilusión que antes, cuando hacían e inventaban cosas nuevas, pero no necesariamente eso es desamor; es un momento delicado en el que hay que analizar a conciencia antes de decir que ya no hay amor, pues cuando no lo hay es complicado aceptar que hay que soltar en lugar de quererlo rescatar a como dé lugar.

El desamor, así como lo negativo, se tiene que vivir con dignidad. Tal vez si ya lucharon, si ya batallaste lo suficiente, y te das cuenta de que el otro no te quiere, no te ama, ya no eres lo que busca, tienes que entender que no es que no valgas la pena o que no seas valiosa, que no vayas a importarle a alguien más quien desee darte tu lugar y te ame, sino que simplemente las historias se rompen, se terminan. Hay ciclos que finalizan en las parejas, en algunas antes y otras después, pero permanecer en la relación no es sano: quedarte es eso precisamente, soportar tal vez humillaciones, malos tratos o simplemente frialdad e indiferencia, y se puede volver una pesadilla, incluso algunos tienden a rechazarte o hacerte a un lado de manera grosera, vergonzosa, lo cual no vale la pena. Cuando lo has intentado, lo has hablado, cuando supones que los dos quieren seguir, te has esforzado y de plano no se puede, es tiempo de asumirlo, aceptarlo y saber que, aunque duela en ese momento con toda el alma y no quieras eso, o pienses que no puedes soportar estar sin él, debes tomar una decisión; el tiempo sana y te ayudará a observar la vida de una forma distinta.

Si estás con un imbécil que te trata mal,
¡sorpresa! Él no es el imbécil.

Tomado de Twitter

El amor por interés... tú sabes que no lo es

M   *Cada quien tiene sus propios valores, y si estás con alguien por la chequera, porque te viste, por interés, eso no es amor. Hay momentos en que necesitas que te apapachen, te quieran, te diviertan o que favorezcan tu vida sexual pero, personalmente, no concibo una relación si no hay amor. La chequera puede estar llena, pero en algún punto el corazón estará vacío. En el amor el único interés que debe haber es: ser la mejor persona que puedas, porque ese es el mejor regalo que le vas a dar a tu pareja..., ese sí dejará «grandes ganancias».*

A   *Cuando hay amor hay interés en hacer un intercambio, algo recíproco, que te haga sentir bien; pero si tu fascinación es sólo económica y estás con alguien por un bien material o personal (por un trabajo, deuda, ascenso, etc.), entonces no es amor. Cuando hay interés de otro tipo no puedes decir que estás con alguien por amor: éste no existe.*

Las consecuencias nunca son buenas, una no es feliz, nadie es dichoso haciendo algo que no ama, o que no le gusta. A veces nos resignamos, pareciera no ser tan malo, pero sabes exactamente por qué estás ahí, y con frecuencia haces cosas que no quisieras hacer, o dices algo que tu corazón no desearía decir, y te sientes traicionada. Tú solita tienes que parar, decir «basta» y ser honesta, también por el bien del otro. Sin duda es como caminar por un puente roto, por la cuerda floja, en algún punto eso se va a romper y la única que va a sentirse traicionada eres tú; aunque la otra persona también se sienta así, la traición principal es contigo misma.

La diferencia entre el sexo por dinero y el sexo gratis es que el sexo por dinero por lo general cuesta bastante menos.

—Brendan Francis

Las promesas

Si con alguien no puedo es con un hombre sin palabra. Las promesas incumplidas provocan dolor,

desilusión, tristeza. Las palabras que no están susten-
tadas son un engaño. Incluso hay cursos con técnicas
de seducción, en los que a los hombres se les enseña
que hablarle «en futuro» a una mujer, funciona para
seducirlas; ya que es más fácil conseguir desde el te-
léfono hasta momentos íntimos. Si por ejemplo, te di-
cen: «me encantó conocerte, vamos al cine la próxima
semana», aunque no sea su intención, tú, teniendo la
idea de que al menos habrá otra cita, empiezas a verle
posibilidades sin darte cuenta de por qué lo hizo. Hay
quienes lo saben y se aprovechan, o hablan de casarse
y tener hijos cuando en verdad no es así. Si caes en las
garras de alguien de este tipo corres peligro de que te
rompan el corazón. Pero hay hombres que sí son de pa-
labra, y debes tener la inteligencia suficiente para di-
ferenciar. El hombre que tiene una intención sincera
lo demuestra con hechos, aunque a veces es tal la ne-
cesidad de algunas mujeres que prefieren creer todo
lo que les dicen, y ellos saben que somos más auditivas
que visuales. Pero, sin duda, cuentan más las acciones:
ser puntual, hacerte sentir bien, demostrarte con de-
talles su amor, conocer a tu familia y estar contigo.
De una película (A él no le gustas tanto) rescato una
frase que dice: «si un hombre te trata como si le 'va-
lieras madre', es porque en realidad le 'vales madre'».
No puedes justificar a cada rato a un hombre, ya que
si quiere estar contigo hará lo que sea necesario para
que suceda, no hay pretextos, no hay problema si son

las tres de la mañana o si acaba de llegar de viaje. Hay quienes te llegan a decir: «te juro que si tú me das el sí, dejo a mi mujer». Tú decides si le crees, pero si fuera así, resolvería primero el conflicto o diferencia con su pareja, y luego te buscaría para intentar una relación basada en la honestidad. Los hechos hablan, las palabras vuelan.

Hay que cumplir las promesas que hagas, sobre todo si se trata de algo delicado. No hay que prometer nada ni felices ni enojadas ni tristes; para hacer una promesa tendrías que estar en una etapa estable. Una promesa se sostiene con un sentimiento verdadero y genuino; no sirve de nada prometer cosas si no amo de verdad. Lo ideal sería no prometer, porque nunca puedes decir «nunca» ni «siempre», las circunstancias te llevan a tomar decisiones con las que te sorprendes. Nadie puede prometer amor eterno ni estar juntos para siempre, porque la vida da vuelcos y puedes llegar a convertirte en una persona distinta a la que fuiste ayer; si vas a prometer algo, tienes que estar segura de que lo vas a cumplir, porque es horrible decepcionar a alguien. Antes de hacer una promesa hay que tener claro que los humanos somos vulnerables y cambiantes.

Desde niños podemos recordar a esas personas que nos prometían cosas y a la hora de la hora no las cumplían, eso se nos queda durante años, para toda la vida. *Ponte en los zapatos del otro, y con la actitud y la forma de sentir lo que ustedes están viviendo, pregúntate cómo tomarías tú, si fueras esa persona, que alguien te esté prometiendo cosas para que te quedes, y en realidad sólo te estuvieran dando atole con el dedo. Haz esto antes de prometer algo y asegúrate de que lo vas a cumplir, aunque cueste trabajo; por lo menos que se vea el intento de que estás tratando de llevar a cabo tu promesa.*

Hay tres reglas en una relación: no mentir, no engañar y no hacer promesas que no se puedan cumplir.
—Tomada de twitter

La importancia de los acuerdos

En una relación de pareja todo son acuerdos, es una eterna negociación: desde dónde vamos a vivir, cuál es tu cajón, ¿vamos a tener hijos?, tus amigos hasta dónde, uso del celular, tipo de relación sexual, etc. Adaptar cada situación y acordarla con tu pareja es vital. No todo es perfecto, ni les tiene que gustar y hacer lo mismo, ni tienen que pensar igual, siempre habrá diferencias, pero tienen que llegar a acuerdos, pues de otro modo se pondrá en duda la justicia y el equilibrio en la relación y se sentirán abusados el uno del otro; si no hay compromisos, los conflictos serán inevitables. Lo más difícil es romper con lo cotidiano y tener acuerdos al respecto ayuda, como darse espacios o cuando los hijos son demandantes; aunque tengan mucho trabajo, deben darse un tiempo a la hora de la comida o cuando lleguen de trabajar, obviamente no todo tiene que ser pactado, también es importante el factor sorpresa, la espontaneidad. Si se trata de sexo, por ejemplo, no tienes que esperar a que sean las ocho de la noche, o que te vaya a ver el domingo si no viven juntos..., pueden salir un día entre semana o irse de viaje de un día a otro.

Entre más pronto establezcas este tipo de convenios, será mejor para la relación. No olvides que son **acuerdos**, lo que implica negociación, no imposición. Ahora, no siempre es fácil llegar a un arreglo en todo, así que si no es posible hacerlo, en alguna área habrá que evaluar qué tanto les afecta, y tomar una decisión al respecto.

Si para ti hay algo sumamente primordial, y no lo es para el otro, háblalo hasta llegar a algún punto que satisfaga a los dos, porque si no, tarde o temprano, este desacuerdo explotará. Más vale prevenir y estar pendiente de los cambios en la relación y de qué sigue siendo importante para ambos.

Sobre todo, cuando tienes una familia, debes saber hasta dónde aceptarás cosas que la otra persona quiere hacer y tú no estás de acuerdo, hasta dónde tienes que dejar de realizar ciertas cosas para que la otra persona esté bien y que a ti no te pese. Hay acuerdos que deben definir sin sacrificarse del todo; hay que saber hasta dónde ceder sin renunciar y sin dejar de ser tú, hasta qué punto estás renunciando a tu personalidad, tus sentimientos y emociones por un acuerdo. Si no te funciona, no accedas.

Sin duda te vas dando cuenta, a veces con el tiempo, a veces con los errores, de que estableciste acuerdos en ciertas cosas, por ejemplo en asuntos de la casa o con los hijos. Tú y tu pareja crecieron en lugares distintos, con familias diferentes, aunque fueran parecidas, con educación diversa, con pensamientos múltiples; entonces hay momentos en que descubres que tienes que llegar a acuerdos, incluso por defectos de carácter que a veces pueden romper con la relación, o por reacciones ante ciertos sucesos, y tal vez sabemos que a nuestra pareja no le gusta la forma en que lo hacemos. Tenemos que sentarnos a hablar y decir «esto me gusta, esto no me gusta, esto me duele, esto me ofende», y también preguntar qué es lo que piensa de lo que nosotros hacemos, tratar de ser humildes, lo más sinceros posible para aceptar y enfrentar que nos digan lo que no le gusta de nuestra personalidad; ahí es donde uno encuentra la respuesta acerca de qué tanto amas, qué tanto te aman y qué tanto estás dispuesta a hacer o a ceder por amor y viceversa. Tiene que haber inteligencia emocional, pero también amor y ganas de que la relación funcione; cuesta trabajo, pero debes hacerlo en algún momento.

La armonía es amor puro, porque amar es total acuerdo.
—Lope de Vega

No dejar que lo cotidiano te aplaste... riega la plantita

La rutina es lo peor: tener una agenda total-mente controlada. Lo mejor es que un lunes vayas a su oficina y le robes un beso, o si el viernes no quie-res salir quédate en pijama, no es necesario salir sólo porque es fin de semana. Tengo un amigo que diseña ropa interior y me preguntaba por qué elegimos casi siempre la misma, en lugar de estar un día con ropa interior casta, casi virginal, de algodoncito, y otro con lencería más sensual y atrevida, ya que esto provoca la imaginación y fomenta fantasías en tu pareja. Lo cierto es que tendemos a entrar en una rutina y abandonamos ciertas cosas. Una ocasión, al mudarme, me di cuenta de que mi vajilla estaba despostillada y llevaba meses usándola, en ese momento descubrí que me acostumbré a usar mi vajilla rota, cuando podría haber invertido en otra que se viera bonita, pero me acostumbré a usar la que tenía, y ya ni la veía ni notaba sus defectos; así como la vajilla, una relación puede encontrarse despostillada y cada vez más... sin que te des cuenta por la costumbre. En otra ocasión me puse a ordenar los clósets y me encontré cosas de las que no me acordaba; lo mismo pasa en una relación, a veces la dejamos y se nos olvida que debemos mantenerla y cuidarla y, de vez en cuando, preguntar cómo está, en qué etapa, o qué podría hacer mejor para que ambos la disfrutemos... La rutina mata, la emoción que genera el movimiento e interés, enamora.

A Lo ideal es hablar, ser honestos, decir qué me gusta, qué no me gusta, y decirlo a tiempo. Esto último te hace rescatar cosas y puede hacer la diferencia para salvar una historia por la cual los dos se unieron y han estado luchando. No hay que dejar de hacer las cosas que nos gustan; a veces nos volcamos en los hijos o en el trabajo y dejamos de hacer algo tan simple como ir al cine, dedicarse un día para ir a comer, cocinar juntos... Cosas que disfrutaban como pareja, porque, cuando te acostumbras a no estar, la relación *pende de un hilo y terminas convirtiéndote en mamá o en papá, en el que aporta al hogar, el que sólo provee dinero para satisfacer las necesidades materiales, pero descuida las emocionales, y eso es arriesgado. Es difícil, sobre todo, mientras más años llevas, pues hay situaciones que distraen la relación tanto de pareja como el sexo, el amor. En ese sentido, obviamente los hijos, el trabajo, la fatiga, son factores que pareciera que están esperando a que te canses un poquito para entrar y convertirse en obstáculos verdaderamente fuertes y considerables para que no tengas relaciones sexuales, para que no hagas el amor; y esto sí cuesta superarlo.*

Hay momentos en que quisieras hacer una lista de todo lo negativo que ves en tu relación; si tienes un día difícil vas a hacer una lista enorme, y si te quedas atorada en lo negativo, en lo malo, en por qué no funciona, pues vas alimentando ese sentimiento hasta tronar. Por eso también es muy bueno hacer una lista para recordar por qué te enamoraste de esa persona, qué te gustaba, qué hacía que se te pusiera la piel chinita, por qué te daban ganas de hacer el amor con él, cómo lo hacías... Busquen la forma de redescubrirse, reinventarse, no es fácil, pero es cuestión de tener ganas.

*El matrimonio debe luchar
constantemente contra un monstruo
que lo devora todo: la rutina.*
—Honoré de Balzac

¿Amantes o compañeros de vida?

Esta cuestión en general es compleja. El deseo físico se modifica al estar tanto tiempo con la pareja, conforme pasan los meses o los años a su lado. Cuando es parte del menú diario hay que buscar la manera de que se te vuelva a antojar, como cuando comes espagueti todos los días: a veces hay que ponerle boloñesa, otro día mantequilla con verduras, etc... Lo cotidiano es parte de la vida, cuando estás en una relación sabes que una parte se va a ir desgastando si no le pones candela, sobre todo en la relación sexual, porque si no lo haces el peligro radica en desexualizarla, y eso va en contra de la relación. En contraste, imagina a dos que aunque comparten una casa no duerman en el mismo cuarto, te aseguro que cada vez que cualquiera de los dos vaya de visita a la cama del otro, habrá esa preparación de «voy a ponerme linda/guapa para él». A veces por la confianza de todos los días ya no te importa si usas los pants viejitos o las pantuflas, siendo que antes te ponías ropa más sexy; si ahora tienes sobrepeso, debes recapacitar que antes te cuidabas; lo ideal es que sigas siendo amante de tu pareja, que la monotonía no te gane, que ambos alimenten el deseo, las ganas de meterse a la cama juntos. Es un asunto difícil, pues si somos realistas lo mejor sería mantenerse siempre como amantes, pero hay que trascender este reto porque incluso uno se acostumbra a la belleza. Puede haber un hombre guapísimo a quien todas las mujeres deseen, pero su esposa es quien le aguanta los bostezos, los malos olores, el mal genio y para ella se vuelve cotidiano tener al «hermoso» al lado.

Lo que es un hecho es que cuando dejas de tener sexo con tu pareja se pierde mucho, empezando por la intimidad; la cama es un reflejo de cómo está en realidad la relación. No se trata de tener un vínculo solo pasional, pero tener relaciones sexuales es vital, allí las tensiones se diluyen, se hablan otros temas, te ves, te diviertes, te liberas; tan importante es que se dice que a nivel energético tu misma energía se queda en tu pareja sexual durante siete años, aunque no te vuelvas a acostar con ella.

Para ser compañeros de vida es importante la intimidad que genera la sexualidad, no puedes convertirte sólo en el compañero de habitación de tu pareja. Además debe haber planes a futuro, hobbies compartidos, ser los mejores cómplices y amigos; se trata de «una vida»... y esa vida está conformada por «fotos menta-

les», momentos que te alimentan y motivan a seguir compartiendo tu existencia con el otro, vivir el amor en acción y reciprocidad.

Hay un momento, sobre todo en las relaciones largas, en el cual los dos dan un paso más allá como pareja; te das cuenta de que son familia, siempre van a serlo, sobre todo cuando hay hijos; se da una conexión incluso entre los parientes políticos, es como esos amigos quienes se convierten en tu familia. Entiendes que, aunque dejaran de ser pareja, van a ser familia siempre y tienen que aceptarlo, y respetarse y quererse por el recuerdo de lo que fueron y lo que se dieron como historia en común. Cuando te cuestionas si de verdad se aman y deciden que deben continuar, tienen que salvar la relación, si no, se volverán como hermanos, primos, compañeros de cuarto, cualquier pariente que no te va a dar lo que te prodiga una pareja. Después de analizar hay que tomar la difícil decisión entre separarse y encontrar a otras personas (aunque hay quienes se quedan por miedo a que pase lo mismo o algo parecido con alguien más), o si quieren salvarse como pareja o quizá sólo vivir juntos.

¿Cómo logras que tu pareja sea amigo, confidente, compañero de vida? Pues siendo todo eso y más: una acompañante tierna, estando atenta, al pendiente, de verdad ser una cómplice divertida, saber que hay cosas que solamente te cuenta a ti y guardarlas, que él se sienta con la confianza de hacerlo, de abrirse. Obviamente ser magnífica amante, hay cosas que se dan por química, que funcionan, que simplemente son ricas porque los dos lo hacen bien; sin embargo, también se puede trabajar en eso, en esta búsqueda de ser alguien a quien ellos deseen, y viceversa. Ser buena amiga va de la mano de todo esto, que en momentos incluso él sienta que no necesita a nadie más que a ti, pero no se da así nada más, hay que demostrarle que eres eso y más porque quieres serlo con él.

No es la falta de amor sino la falta de amistad lo que produce matrimonios infelices.
—Friedrich Nietzsche

Monogamia, infidelidad o relación abierta, tú eliges

Ser fiel es fácil cuando estás en la etapa del ena- moramiento y en las primeras fases de la relación. Es más, somos capaces en ese momento de jurar fidelidad eterna. No obstante, esto no es parte de nuestra naturaleza, la fidelidad es una DECISIÓN, por eso en el transcurso de una relación, con los problemas, los conflictos y la monotonía, a veces se toma el camino de la infidelidad; pero aunque lo prohibido siempre tendrá un toque excitante y seductor, es importante recordar lo que ésta duele. Lo que destruye es el engaño y la herida que deja la traición. Porque más allá de que tu pareja quizá no descubra toda la historia, son obvias las señales de que el otro está en otro mundo, y el abandono emocional que esto genera también afecta la relación. La infidelidad duele, pues implica traición y mentira; lo ideal sería no hacerlo o irse antes de cometerla para no herir a nadie. Algo que llama la atención es que la infidelidad masculina y femenina no es vista igual; muchos hombres han sido educados con la idea de que pueden ser infieles o ser avalados como machos por tener relaciones con varias, pero si lo hace una mujer se convierte de inmediato en una golfa. Hemos sido educadas con una mayor restricción sexual, lo que hace una gran diferencia; se puede ser una mujer plena y profesionista pero todo pasa a un segundo plano por haberte acostado con alguien con quien «no debías» de acuerdo con los cánones sociales. Con respecto a los hombres, no importa con cuántas se han ido a la cama, se les aplaude y es probable que los perdonen y continúe la relación; pero si a ti te cachan, como mujer te ves rechazada y marginada. Es una tendencia general. En la infidelidad los dos tienen la misma responsabilidad y, aunque se acusa más a la mujer, deberían ser tratados por igual.

La monogamia no es parte de nuestra esencia, sino que se trata de una DECISIÓN de nuestra conciencia. Bien dicen «no le hagas a otros lo que no quieres que te hagan a ti...», así que hay que pensarlo dos veces y evaluar si acostarte con alguien vale la pena ya que se pone en riesgo la relación actual.

Sobre las relaciones abiertas, la verdad no creo en ellas. Las personas que conozco, que las han practicado, han terminado rompiendo la relación cuando uno de los dos ha terminado enamorándose de un tercero, y lo han vivido como traición aunque ambos supieran de la existencia del amante.

Con el tiempo he aprendido que la relación es de dos... que la cama es de dos, y que cuando entre dos hay un espacio en el que cabría otro, tienes dos opciones: o trabajar más en tu relación y salvarla o decirle «adiós» y buscar tu felicidad en otro lugar; esto lo pienso aún con la existencia de los hijos, porque perciben los ambientes, los conflictos, la tensión, y es mejor para su formación ver a unos padres felices, separados, que infelices, juntos.

Una relación abierta puede ser parte de los acuerdos; sin embargo, es muy arriesgado. Aunque sepamos que hay amores que no duran para siempre, es difícil que una relación sobreviva cuando hay pactos de este tipo, porque se corre el riesgo de que cualquiera de los dos se enamore de otra persona a pesar de que se hubieran comprometido a tener sólo aventuras sexuales. En este acuerdo en especial los dos saben los peligros que corren. Para llegar a un convenio de esta clase se necesita cierta madurez y autoestima muy elevada, porque es un acto egoísta. No cualquiera aceptaría un «convenio» así, depende de la educación, la experiencia, la forma de ver el mundo, en términos generales; sin embargo, hay personas a quienes les prende que su pareja le parezca atractiva a otros.

En la cuestión de la infidelidad no debe existir ningún acuerdo..., incluso dicen que hay gente que es infiel siempre, que es su deporte favorito, pero no está bien, porque si decidiste estar en pareja no es lo ideal. No se trata de justificar situaciones que se dan, pero se debe tener la certeza de que optaron por aventarse al precipicio y hay que afrontar los resultados. Tal vez no sea un escándalo, pero hay consecuencias contigo, con tus emociones, con tu pareja. Si estás al lado de alguien y quieres seguir, tienes que luchar hasta el último instante y no ser infiel, porque aunque creas en la frase de «ojos que no ven, corazón que no siente», si la infidelidad es descubierta decepciona profundamente a la persona que está contigo y el infiel se convierte en el villano o en el protagonista víctima de la situación. Una puede justificarse de mil maneras; lo ideal es no *llegar a ese punto. A veces se viven historias en las que somos egoístas sin querer arriesgar todo lo que tenemos, pero la consecuencia real es que nos llevan a aterrizar en el momento que vivimos. Cada quien vive la infidelidad de forma distinta, y el infiel corre el riesgo de enamorarse.*

Si te van a ser infieles lo serán, ¡así les pongas una pistola en la cabeza...! Si bien pareciera que algunos lo traen como parte de su naturaleza, y quizá no estén seguros de querer dejarte, necesitan probar en otros lados, pero que quede claro: ¡eso es infidelidad! Sin duda, evitarlo no es posible, sin embargo, en contraparte, sí puedes ser amorosa de la mejor manera, entregándote, sin atosigar, con una relación positiva, demostrándole que eres alguien que vale la pena, con quien puede estar, e incluso que perderte sería algo arriesgado y doloroso. Pero... si esa persona no es para ti y no te ama, por linda que haya sido, es mejor soltarla y dejarla ir, y lo que haya durado pues guardarlo en el mejor de los recuerdos. La infidelidad no es más que la prueba de que las cosas no van bien...

Nunca entenderás el daño que hiciste hasta que otra persona te haga lo mismo... por eso estoy aquí.

—El Karma

Unión libre o matrimonio

M Actualmente, varias parejas optan por la unión libre antes de contraer el compromiso del matrimonio, para saber si en la práctica son compatibles y tienen posibilidades de construir un hogar, ¡esto es válido!

Hay quienes, a pesar de los hijos, deciden mantenerse así, pero hay quienes cuando surge el tema de tener hijos deciden casarse. Por otro lado, me sorprende cómo, en la actualidad, varias mujeres a sus veinte están decidiendo contraer matrimonio, porque hace unos años preferían esperar a los treinta y mientras vivir las ventajas que da la soltería.

Unión libre o matrimonio da igual si como base existe el compromiso de crear pareja, hogar y para algunos, familia. La firma de un papel no garantiza nada, y ahora la firma de un divorcio puede ser aún más rápida..., así que lo que importa es la unión de dos corazones que deciden permanecer juntos y conjugar la palabra AMOR, ya no como un sentimiento, sino como un verbo en total acción.

A Vivir en unión libre también es una cuestión personal: hay a quienes les funciona y son plenamente felices, tal vez porque vivieron en una familia donde el matrimonio fracasó, o han visto amigos y gente cercana en esa situación. Con papel o sin papel, siempre se requiere respeto y compromiso, aunque hay un momento en el cual, si tienen hijos y sólo viven en unión libre, se torna imprescindible casarse, hasta por el papeleo, pues en las escuelas se vuelve más complicado de otro modo; la sociedad es dura.

Por otra parte, cuando hay una linda historia de amor, cuando crees que encontraste a tu pareja ideal, a esa persona con quien te gustaría compartir tu vida, sin duda tomar la decisión de casarse es fantástica.

Cuando vayas a acercarte al matrimonio, aunque haya dudas, preocupaciones y angustias por varias cosas, procura casarte muy feliz, sin que otra cosa te mueva más que la convicción de que amas a esa persona, y él te ama. Si surgen dudas o sientes que lo tienes que hacer porque se te «está yendo el tren», como se dice, o porque esa persona te conviene, porque económicamente es estable o por alguna razón de interés específico o por despecho si vienes de una historia dura y triste y es la forma de salir y recuperarte: **no deberías casarte**. El único móvil para llegar al matrimonio debe ser porque amas profundamente y estás dispuesta a luchar, aun sabiendo que puede haber situaciones difíciles: económicas, religiosas, de la sociedad; tienes que hacerlo por ti, por amor, y ambos deben estar plenamente convencidos. No es un paso fácil, requerirás paciencia y entrega, hacer a un lado tu egoísmo y más cosas, generalmente todo esto surge del amor. Si te decides, que ese sea el móvil principal, no un embarazo ni nada de lo que mencioné anterior- mente. Sin embargo, si tienes algún conflicto o estás esperando bebé, y decides casarte **por amor**, es perfec- to; pero hacerlo porque te mueven otros sentimientos e intereses que no son amor... ¡Olvídalo! No lo hagas.

Date cuenta de que nada de lo que suceda entre tú y tu amado es insignificante, que todo lo que digas en la relación tiene el poder de causarle alegría o tristeza a tu compañero.

—Barbara De Angelis

El divorcio

¿Cuándo llegar al divorcio? Cuando el amor se ter- mine. Creo que mientras haya amor de ambas partes existe la intención y la fuerza para arreglar las cosas, pero cuando éste se termina en uno o en los dos, ya no tiene caso perpetuar una situación de desamor, de des- gaste y en ocasiones hasta de humillación y violencia.

Ya nos dimos cuenta de que no todas las relacio- nes son para toda la vida y soy de quienes creen que un divorcio no es un fracaso, simplemente se cerró el círculo en una relación.

Por supuesto que duele y es una decisión sumamente difícil, sobre todo si hay hijos, pero vivir en un hogar agresivo o incomunicado y poco amoroso, puede afectar aún más a los hijos que una separación a tiempo.

Además, tienes el derecho de buscar de nuevo el amor y la felicidad, al principio no será fácil, hay mucho desgaste y soledad, pero poco a poco el duelo de la pérdida se va trascendiendo y un día te darás cuenta de que tu corazón está listo para volver a amar.

A El divorcio es de las decisiones más difíciles que una persona puede tomar en su vida; de las más dolorosas, pero también de las más sanas e inteligentes. Cuando se llega a este punto es porque tienes plena convicción de que separados estarán mejor. Obviamente todas las parejas, cuando decidimos casarnos, nos imaginamos uno de esos cuentos de hadas que la verdad existen cada vez menos, pero de alguna manera soñamos con un amor eterno, una pareja que nos brinde compañía y a quien acompañar hasta que la muerte nos separe; pero hay varias cosas que durante el matrimonio y las relaciones se van rompiendo; si no las cuidas, si no pones atención tanto en tu persona como en tu pareja, el amor se termina. Hay situaciones que se pueden sanar, que puedes salvar, pero hay otras que si no utilizas la cabeza en lugar de las vísceras, te causan infelicidad e insatisfacción durante años. Divorciarse es además un acto de valentía; algunas personas no toman esta decisión por miedo a quedarse solas, creen que no van a encontrar después a nadie que las valore o que no son suficientemente fuertes o capaces de salir adelante solas. El matrimonio sí es lindo porque tienes a alguien a tu lado, a quien contarle cosas y que se apoyen uno al otro, pero no necesariamente tendría una que casarse para alcanzar la dicha. Si eres feliz te casas con la mentalidad de compartir esa felicidad, y que crezca en los dos, pero no debes hacerlo PARA ser feliz; que no sea ese tu objetivo cuando tomes la decisión de llegar al matrimonio.

El divorcio es una decisión personal. Si lo haces a tiempo, en el momento en que de verdad ya lo intentaste todo y no es posible seguir, puede salvar tu relación, pueden continuar siendo amigos en algún momento, seguir teniendo una comunicación sana para ver por los hijos, si es que existen, y de respeto y madurez para tener acuerdos; es preferible esto a esperar que vayan creciendo los problemas, los conflictos, y se vuelva una batalla, una guerra interminable, en la cual si tienen hijos los lastimas y les provocas problemas emocionales fuertes; también tú saldrás herida, y después no te quedarán fuerzas ni ganas para salir adelante, y menos para entablar otra relación.

Nunca olvides las siete palabras más importantes en el matrimonio:
• Te amo • Eres preciosa• Por favor, perdóname.
—H. Jackson Brown Jr.

Tips

- Si tienes fotografías de las primeras etapas de la relación, trata de recordar cuáles eran tus emociones en los momentos felices, qué pensabas mientras vivías esos primeros días juntos. ¿Se ha perdido algo? ¿Cómo puedes recuperarlo, si es el caso? ¿Eres la persona que querías ser, o hay algo que le reclamarías a tu yo del pasado? ¿Has perdonado a tu pareja si te falló, o aún guardas rencores? ¿Te da gusto recordar la historia de tus amores, o aún te falta amar con plenitud?

- Pon en acción al amor… no lo veas sólo como un sentimiento, trabaja en tu relación, haz de ella el mejor lugar en el que ambos quieran estar.

- Recuerda que hay amores que duran para siempre, aunque terminen.

8
Sexualidad

**Lo más emocionante además
de comprar zapatos.**

Mucha gente tiene miedo de decir lo que quiere. Esa es
la razón por la que no obtiene lo que desea.

—Madonna

Acércate al amor y a la cocina con abandono imprudente.
—*H. Jackson Brown Jr.*

El momento correcto para acostarse con él

Si eres muy joven, y andas por debajo de los veinte, a estas alturas del libro todo lo que hemos dicho luego de empezar con «no hace mucho...», o frases parecidas, te habrá causado risa, sorpresa o, incluso, indignación. Pues precisamente, «no hace mucho», la mujer no tenía mayor poder de decisión sobre el momento de tener una relación sexual: la virginidad era tu «carta de presentación» en tu noche de bodas, y en muchas ocasiones era base para la felicidad y el porvenir de tu matrimonio. Ni hablar de tus deseos o impulso sexual que estaban rodeados de prejuicios, en los que se negaba o juzgaba la sexualidad femenina, dudando muchas veces de tu «pureza» o asumiendo que alguien te había revelado o enseñado posiciones o formas de alcanzar tu propio placer o el de tu pareja, cuando hoy sabemos que ésta es una conducta natural y aceptable. La sexualidad siempre ha estado ligada a las emociones y circunstancias, por eso, independientemente de que en esta época se hayan diluido muchos tabúes, hemos ganado –a causa de una mayor igualdad entre hombres y mujeres–, el derecho a expresarnos como seres tan sexuales como los hombres, un tanto a partir del instinto y la intuición, y otro poco tomando en cuenta lo que nos inspira el otro, las experiencias previas y lo que vemos en la situación que estemos viviendo para elegir el momento y la ocasión adecuada para tener relaciones. Se dice, un tanto como lugar común, que los hombres sólo piensan en sexo, aunque esto tiene una connotación negativa, como si no fueran capaces de pensamientos o sentimientos profundos, o incluso de considerar un compromiso pleno; nosotras pensamos también en sexo, y no hay nada de malo en esto, sólo que ponemos más consideraciones en juego a la hora de aceptar.

Hoy en día, hombres y mujeres estamos en una búsqueda, y la experiencia sexual es parte importante en el proceso de encontrar con quien compartir la vida. ¡Ojo!, no es que alguien vaya a darte el placer o la felicidad que buscas; esa debes alcanzarla tú, es una cuestión personal, y aunque compartas la cama con ese alguien, «eres responsable de tus propios orgasmos», como se suele decir.

> Es costumbre establecida (en la Viena de 1716) que cada dama tenga dos maridos, uno que lleve el nombre, y otro que cumpla con las obligaciones maritales.
> —Mary Wortley Montagu

No hay reglas. A veces te dicen «no en la primera cita», «no en la segunda», «vete por ahí de la tercera o espera un mes...»; pero todo depende de ti y de tu intención al hacerlo: si quieres pasar bien una no-che, sólo cuídate; ponte protección; si tu intención es buscar una relación seria, entonces fíjate qué tipo de hombre es; si es alguien muy conservador y te acues-tas con él a la primera, igual no te toma en serio por sus prejuicios, mientras otros hombres tienen una ma-yor apertura, saben que la sexualidad es parte de nuestra naturaleza, y no les importará si es a la prime-ra o la décima. Debes saber con qué persona te estás acostando, no perder de vista con quién estás. Es una decisión personal que no tiene que ver con el aspecto moral, sino con que sepas qué quieres y tengas la ca-pacidad de frenar o darle más apertura a la relación; porque a veces también llegas a la cama no tanto por-que quieras, sino ante la presión de él; si hay presión no cedas, tiene que salir de ti. Estar con alguien en la cama representa intimidad, es un intercambio profun-do en varias áreas; no sólo es el cuerpo, sino a nivel energético, y es un momento en el que puedes sentirte vulnerable; si vas a tener relaciones, hazlo, pero való-rate, quiérete, no aceptes hacer nada que no desees. Tampoco lo hagas con alcohol encima, porque es un estimulante que en grandes cantidades te hace perder la conciencia, y después te cuestionas: «¿en qué mo-mento sucedió?», y eso es lo peor, te arrepientes o te genera un vacío. Una cosa es que tomes una copita, que te sientas relajada, y otra es perder la voluntad y la conciencia: te aflojas más, y no se trata de «aflojar por aflojar», si vas a estar con alguien, hay que hacerlo con los cinco sentidos, con conciencia. En resumen, no siempre se hace el amor, a veces coges, pero si vas a coger, que sea porque tú lo decidiste; y, si es por amor, está increíble, siempre y cuando también tú lo decidas.

A El momento correcto de acostarte con él tiene que decidirse con conciencia: tal vez a la semana, a las dos semanas, al mes, a los dos meses, o a los seis, en realidad tienes que saber lo que quieres y los riesgos que estás tomando. Tal vez debas analizar que no estás en un momento vulnerable, de soledad o enojo, o que quieras hacerlo por desquitarte de alguien; es una decisión delicada y más allá de que lleves un mes, dos, o tres, el tiempo que sea, tiene que ser con una idea clara de lo que quieres y para qué estás tomando esa resolución. Ten en cuenta los riesgos más altos al momento de hacerlo, y CUÍDATE.

La primera vez que compras una casa observas cuán bonita es la pintura y la compras. La segunda vez examinas el sótano para ver si tiene termitas. Pasa lo mismo con los hombres.

—*Lupe Vélez*

¿Cuántos son muchos hombres?

Una encuesta en Estados Unidos dice que una mujer se casa después de haber tenido en promedio no menos de veinte hombres; es decir, el número veinte ya tiene expectativas de matrimonio, pero en las sociedades latinas, en términos generales, es menor el número y todavía hay quienes tienen un solo hombre en su vida, sexualmente hablando, aunque a otras les queda corto el número veinte. Como sea, también es una decisión personal, debe haber tantos hombres en tu vida como aquellos con quienes decidas estar, porque abrir las piernas no es tan fácil —pareciera que lo es— pero siempre queda una huella en nosotras. En veinte años vuelves a ver a alguien con quien tuviste relaciones y dices «con ese tuve algo». Se trata también de valorar a aquel hombre, no sólo a ti; por lo tanto, intenta encontrar a una persona en tu misma frecuencia, porque a veces recibes basura y el desperdicio de quienes están en un momento caótico, de desequilibrio, y eso sólo va a dejar una mala sensación en ti, en tu cuerpo y en tu ser. Si quieres valorar esa relación, aunque sea sólo sexual, que sea porque te lleva a un punto de plenitud, es el único requisito. Entonces, «¿cuántos?», pues cuantos puedas o quieras tener.

A Híjole, aquí es algo personal, cada quien sabe eso. A veces las costumbres, la ideología, o los miedos y tabúes que vamos heredando hacen que nos juzguemos demasiado. Hay quienes dicen que más de uno son varios, hay quienes deciden que vale la pena probar y conocer a distintos hombres hasta, tal vez, encontrar al correcto; es una cuestión de mentalidad y creencias.

El sexo no ha vuelto a ser lo mismo desde que las mujeres comenzaron a disfrutarlo.
—Lewis Grizzard

¿Se trata de amor o de placer?

M Depende de la intención. Las mujeres hemos sido castigadas, sexualmente reprimidas y juzgadas por nuestra actividad sexual, pero tenemos los mismos deseos, necesidades y derechos que un hombre, y poseemos ese instinto tan animal como ellos. La sexualidad es un factor importante, te mantiene viva; porque traes otra actitud, otra seguridad, brillas diferente y es inevitable que te digan: «¿qué tal te fue anoche?», «estás muy bien atendida», cosas que demuestran que te conectas con la vida, porque no hay nada más poderoso que la sexualidad, es la creación de vida, y no sólo porque puedas tener un bebé, sino que genera endorfinas. «Un polvo no aceptado es un polvo perdido», dicen en España. «Los hombres están acostumbrados a irse de parranda y tener sexo como un desahogo y les vale, se echan un **rapidín**, un polvo, y entre más rápido, mejor, y con alcohol hasta la ven bonita»; mientras que para nosotras hay polvos inolvidables. Hay quienes —aunque haya sido sólo una vez— se convierten en una sección de tu «biografía», porque hay un relato que los sustenta. Las mujeres tendemos a esta parte romántica; al menos necesitamos la escenografía, generar una historia de, por lo menos, ciento cuarenta caracteres y, si en realidad existe dicha historia tendemos a validar el encuentro; quizá sea algo cultural esta necesidad emocional de ligar los sentimientos al sexo, pero es un hecho.

Por otra parte, hay muchos hombres que también sienten la misma necesidad, pues cuando se topan con una mujer y tienen sexo, involucran sentimientos más profundos, se clavan más. Lo que es sumamente bello y poderoso es cuando una mujer se entrega en corazón, cuerpo y mente, y su intención va más allá de «atrapar al hombre» porque el encuentro se vuelve inolvidable para ambos, así haya sido una sola vez. Ellos perciben cuando las mujeres tenemos esta capacidad de entrega y nos abrimos en diferentes niveles amorosos, porque «estamos en plena conciencia», y no es lo mismo coger por coger que vivir al máximo la experiencia, y conectar realmente.

Debe haber amor y placer. La sexualidad es ideal y es lo máximo, sobre todo cuando combina ambos aspectos; pero a veces puedes estar enamorada y descubrir que con esa persona no hay click ni buena química a la hora de tener sexo o, por el contrario, encontrar a alguien que despierta tu fuego y pasión y son una buena pareja en el sexo, pero tal vez sólo son eso. Lo ideal sería la combinación de los dos.

Desde los tiempos de Adán,
unos calientan el horno
y otros se comen el pan.
—Dicho popular español

¿Cuántas oportunidades le das a un hombre o te das tú para saber qué onda en la cama?

La sexualidad no siempre es plena la primera vez, se trata de ir aprendiendo y descubriendo al otro poco a poco, a veces no somos excelentes amantes de entrada e incluso puede resultar fatal: tuvo eyacula-

ción precoz o no te prendió, entras a un proceso de descubrimiento; pero en otras ocasiones de verdad es mágico, y a la primera tuviste un encantamiento, una fascinación inolvidable. Entonces, ¿cuántas oportunidades le das a alguien que no funcionó?, pues cuantas te salgan del corazón, porque en ocasiones, desde que alguien te da un beso, dices: «no es para mí», no hay química y no se trata de forzar las cosas. La química es vital, independientemente del físico, así que si la hay lo más seguro es que la relación llegue a prender.

A En ocasiones idealizamos ese momento: estamos saliendo con alguien que nos encanta, a quien queremos, e idealizamos el primer beso, el primer faje, el primer revolcón, las primeras caricias, y obviamente la primera relación sexual. No es bueno, porque raros son los casos en que la primera vez es extraordinaria. Se trata también de ir probando, experimentando, ver hasta dónde, porque la mentalidad de algunos es distinta a la de nosotras, y hay quienes se asustan cuando eres un poco atrevida. En realidad es una cuestión de comunicación, y de ir probando.

¿Cuántas oportunidades? No sé, la tercera, o la cuarta, o más... y siempre se puede ir mejorando. Hay quienes llevan bastante tiempo, meses, tal vez años, y les gusta experimentar, probar y atreverse, pero también depende, una vez más, de la mentalidad de cada pareja, y qué es lo que obtiene uno del otro, porque hay combinaciones increíbles, explosivas, y descubres cosas en ti, te desprendes de tabúes; hay hombres que deciden experimentar cosas contigo y, cuando funcionan, ¡se vuelve algo fantástico!

No es la apariencia, es la esencia.
No es el dinero, es la educación.
No es la ropa, es la clase.

—Coco Chanel

Química o trabajo en equipo

Primero es química y el trabajo en equipo viene después, es decir, desde el principio debe haber atracción, visualmente te tiene que cautivar aunque no sea el hombre más hermoso, puede tener su pancita chelera, pero tiene que haber esa «chispa» y reconocimiento de almas, porque puede estar guapísimo y a ti no transmitirte nada. Debe ser bello a tus ojos, no importa si lo es o no para el resto. No tiene que ver con el físico, la atracción es algo más profundo, cuando eso se da hay magia, y el deseo de estar con esa persona es una consecuencia. Hay ocasiones en que empiezas a hacer el amor con una mirada, comienzas a besarlo antes de que sus labios te toquen, suena romántico... pero me encanta cuando eso sucede, cuando pasa algo más allá de lo físico, y es justo aquí cuando inicia el trabajo en equipo.

A   Es como decíamos antes: la química se da, pero juntos también pueden generarla, incluso desde antes de tocarse; si existe ese algo especial pueden descubrir cosas al unísono, pero sin duda también interviene aquí y ayuda la comunicación. Hay que trabajarlo, hay que echarle ganas.

Ámame u ódiame, ambas están a mi favor.
Si me amas, siempre estaré en tu corazón,
si me odias, siempre estaré en tu mente.
—William Shakespeare

Fingir orgasmos

M   No es lo mejor, para qué el engaño, además hay mujeres para las que se vuelve una costumbre, porque se empieza fingiendo uno y no pasa nada, dos y está bien, pero cuando ya llevas tres, cuatro, cinco, seis, siete, tu pareja se acostumbra y dice: «En tres minutos ya está, qué rico». En términos generales nosotras necesitamos más tiempo para llegar al orgasmo, el juego previo y la seducción son básicos. Puede que disfrutes los rapidines, llegar y sorprenderlo en la oficina; es increíble halagar a un hombre con esas cosas, o hacerlo en lugares públicos le pone emoción; pero también es importante que te apapachen, te conquisten, y tú a ellos. En el juego amoroso todo es de ida y vuelta y si tú lo malacostumbras la perjudicada serás tú.

A ¿Se vale fingir orgasmos? No sé, tal vez; aunque es mejor trabajar en conseguirlos..., para qué engañarnos.

Dos que duermen en el mismo colchón,
Se vuelven de la misma condición.

—Dicho popular

Cómo decirle a tu hombre lo que te da placer

M Hay que decirlo tal cual. Antes, cuando una mujer lo hacía, se cuestionaba en dónde había aprendido esto o aquello, y con quién, cuando a veces nadie se lo *había enseñado, lo había leído, platicado con alguien, o le salía natural y quería practicarlo con su pareja. Esto ocurría principalmente porque se acostumbraba tener una sola pareja sexual. Ahora, que ya no es así, juntos aprenden varias formas de hacer el amor, cada quien enseña algo diferente y te das cuenta de que tu cuerpo puede reaccionar distinto con cada persona, no puedes pedirle lo mismo a una y a otra, tienes que irte descubriendo; aunque lleves bastante tiempo o poco con tu pareja, si no logran acoplarse o sientes que le falta algo más, o no quieres hacer algo que él desea, siempre hay que decirlo. La sexualidad tiene que ser consensuada, el otro tiene que estar para ti y tú para él. Dicen que «el orgasmo es de quien lo trabaja», y es verdad. Hacer el amor es la maravillosa capacidad de controlar el descontrol, de bajar todas tus defensas y permitirte ser totalmente vulnerable.*

Pues así: diciéndoselo. La comunicación es importantísima, podemos platicarlo con nuestras amigas, se vale cuestionar, leer con ellas libros o artículos sobre el tema, saber qué es lo que a ellos les complace, lo que les atrae, hay que hablarlo con nuestra pareja o no funciona; mientras más libre te sientas y con confianza para comentar lo que te gusta o lo que no, te darás la oportunidad de decir: «Esta es mi fantasía», y llevarla a cabo.

Instrucciones para dar un beso

M Alguien que sabe besar bien, juega con los labios, con la lengua, puede iniciar con un toque de ternura y conforme va de beso en beso aumentar la pasión. Un buen beso te hace vibrar, sentir; para mí un buen beso es básico y, alguien que no besa bien, difícilmente llegará a algo más.

A No hay instrucciones como tales. Si es tu primer beso, tal vez le puedas preguntar a quien ya lo haya dado, un amigo, una amiga, un hermano o una prima que te pueda dar tips; cuando lo vemos en televisión o en una película, tendemos a imitarlo. Lo que importa es la persona, con algunas fluyes mejor y puedes decir "él besa más rico", "ella besa más rico", aunque otros que los han besado no opinen lo mismo; se debe a que es una combinación de formas de hacerlo, de sabores, de olores, de confianza... Es más bien cuestión de darle a esa persona una oportunidad, no pensar que es como en el cine, que ese primer beso te lo pintan maravilloso y en realidad es cuestión de acoplarse, de probar formas; hay quienes piensan que no les gustan los besos muy apasionados, con lengua o con mordidas, y después descubren que hay quienes les provocan ese lado más salvaje o más pasional y les gusta. Como mencioné: es más bien un asunto de personas, y hay *que darse la oportunidad de experimentar. La única instrucción sería dejarse llevar.*

Por otro lado, tampoco experimentes tanto: si después de un mes o de quince días intentándolo con una persona te das cuenta de que no "amarra", no te gusta su aroma o algún otro detalle, pues entonces di: «con permiso»; por más características que consideres atractivas, hay personas con las que no se da, no funciona y no te gusta.

Puntos clave en el cuerpo femenino y masculino

Más que femenino o masculino, los puntos clave dependen de cada quien. La parte erótica de cada cuerpo es un misterio, es un universo por descubrir; habrá quienes en la entrepierna no sientan nada y tú sientas todo, o por ejemplo, que alguien te bese los pies puede ser sensual para unos, y otros lo odien. Lo que sí aconsejaría es que los hombres no se fueran directo a las bubis o al pubis, hay mil puntos por descubrir en el cuerpo femenino; la piel es un órgano maravilloso que puede ser erotizado milímetro a milímetro y varios hombres no se toman el tiempo de jugar con el cabello, con los labios, con todo tu «territorio». Las zonas eróticas están en todo el cuerpo, no en un sólo lugar.

Diría exactamente lo mismo en el caso del cuerpo masculino; hay toda una piel por estimular, no sólo la parte sexual. Permítete explorarlo, saborearlo, sentirlo, recorrerlo, e irás descubriendo lo que a tu hombre le provoca más placer.

A Es de todos sabido que hay puntos clave en el cuerpo y zonas con más sensibilidad, con más terminaciones nerviosas, como los genitales; en el caso de las mujeres también los senos y los labios; en los hombres los labios, pero en ocasiones nos limitamos únicamente a lo que nos gusta que nos toquen; aunque hay que estar conscientes de que hay puntos más allá de eso y con frecuencia los descubrimos con alguien en particular, como besos en ciertas zonas que no te habías sentido segura de cómo recibirlos, y te das cuenta de que en realidad sí te agradan. Hay que quitarse tabúes, desprenderse de estas ideas cerradas, la sociedad nos ha metido información con la que no nos sentimos libres y no experimentamos acariciar o besar ciertas zonas pues puede ser mal visto. Primero tienes que entrar en confianza con tu pareja, pensar que estás con alguien a quien quieres o en quien simplemente confías, y tratar de descubrir nuevas sensaciones, dejarte ir y hacerlo; tener comunicación, decir qué te gusta o cómo no te gusta. Por ejemplo, sabemos que hay quienes disfrutan mucho el sexo oral, pero también que otros no lo hacen o no saben hacerlo bien, o lo hacen sin preguntarle a su pareja si les está gustan-

do, si les duele o de qué manera los excita. Es cuestión de hablarlo e intentar caricias o besos en ciertas zonas, dejarse llevar y sentir esa confianza. Con el tiempo me he dado cuenta de que tenemos que soltarnos y eso, experimentar, sabiendo que si los dos están de acuerdo pueden disfrutarlo mucho más.

Para abrir nuevos caminos, hay que inventar, experimentar, crecer, correr riesgos, romper las reglas, equivocarse... y divertirse.
—*Mary Lou Cook*

Tips de seducción

No hay nada más seductor que ser tú misma, ni nada más sexy que la espontaneidad, la naturalidad y la seguridad. Sé tierna, sé intensa, pero sé lo que tú eres. De nada te sirve vestirte de negro o ponerte ropa interior linda si no te sientes bonita y atractiva; también puedes estar en piyama, con la cara limpia, y ser la mujer más sexy del mundo, porque se trata de actitud. Sí, lo de afuera viste, es hermoso y hay que cuidarlo, pero de nada sirve lo de afuera si no traes la actitud adentro.

Sinceramente creo que no existen, lo que a una persona le atrae de ti a otra no le gusta; es una cuestión... sí, de qué tan atractiva seas para otros; alguien puede decir: «su forma de andar, de mirar o de sonreír» y a otros pueden no gustarles. El tip o el arma de seducción más importante, aunque pueda sonar trillado, es ser tú, ser auténtica porque, tarde o temprano, si finges ser algo que no eres —aunque claro... a la hora del ligue intentamos ser mejores o sacar nuestro mejor lado y mejor actitud—, lograrás que esa persona que se interesa en ti se clave o se enamore de un holograma, de alguien que no existe; entonces, trata de ser honesta. He visto a gente que empiezan siendo mejores amigos, se cuentan muchas cosas, se ríen sin ningún tapujo, hablan de distintos temas y acaban enamorándose precisamente de esa autenticidad.

Una mujer original no es aquella
que no imita a nadie,
sino aquella a la que NADIE
puede imitar.
—María Félix

Fantasías... ¿te atreves?

Sí, ¡hay que jugar! A veces pensamos que la sexualidad nada más debe darse en una cama, sin darle lugar a la fantasía, a los juguetes; hacerlo en el comedor, en la sala o en un lugar público. La sexualidad es sentirte viva, y para esto lo peor que puedes hacer es caer en lo cotidiano, es decir, si te esperas a que sean las nueve de la noche todos los viernes para acostarte con tu pareja, están fregados. Hay que incorporar situaciones, artefactos, una película; si necesitas fantasear, atreverte, se vale todo, siempre y cuando vaya de acuerdo contigo. Si tu fantasía es hacerlo en un elevador, con que tú te sientas cómoda y no haya una carga de culpa ni de restricción después, ¡adelante!, porque puedes hacer una locura y al rato estarte flagelando, y qué caso entonces tuvo eso; conoce tus propios límites y aviéntate a vivir tu cuerpo y tus sensaciones. Algo importante es conocerte, tocar toda tu piel; hay mujeres quienes no se acarician, conforme pasa el tiempo se olvidan de hacerlo, y lo peor es que ni siquiera saben en dónde se excitan más o qué les provoca un orgasmo. Tienes que aprender a tocarte, a erotizarte completa.

Lo principal, lo que debe predominar es la comunicación: cuáles son mis fantasías sexuales, cuáles son

las tuyas, si estamos de acuerdo en llevarlas a cabo...
No hay que correr muchos riesgos, he oído historias de
haber involucrado a otras personas más allá de la pa-
reja y realmente ninguna terminó bien. Hay que tener
mucho cuidado con lo que deseas, si los dos están de
acuerdo, si están dispuestos a hacer algo que después
los haga sentir humillados, lastimados o simplemente
están haciendo algo que no desean con tal de no per-
der a la otra persona, pues no va a funcionar. Se vale
experimentar, tener fantasías, como cada quien quie-
ra: divertidas, arriesgadas, pero siempre hablándolo y
con la madurez de saber que puede no resultar o ser lo
que imaginabas, y en algunos casos ser tan arriesga-
das que puedan perderse uno al otro.

Hay que analizar muy bien qué es lo que quieren y
hacerlo si esas fantasías son inofensivas y consideran
que puede ser algo divertido; si algunas otras son más
extremas, detente, porque puedes perder a tu pareja.

¿Cuál es tu fetiche?

M *Un hombre que huela rico, una mirada de deseo,*
una buena espalda, un hombre que sepa usar su ima-
ginación para crear mundos.

A *Uy, me gusta una linda sonrisa, un cuerpo ejerci-*
tado, sentir que es un hombre que se cuida a sí mismo...

¿Una ayudadita? Píldoras del amor
y otros artilugios

En el amor no existen las ayuditas: el amor se da o no se da. Con respecto a la sexualidad, sí hay hombres quienes necesitan una pastilla para tener una erección, y se vale mientras no pongan en riesgo su salud; un hombre sin erección se siente menos, porque para varios su sexualidad está basada en ella, aunque pueden lograr el orgasmo de una mujer utilizando otras estrategias. Por otra parte, hay mujeres con problemas para lograr el orgasmo, así que también se vale una ayudadita visitando a un sexólogo o encontrando la forma de trabajarla.

La sexualidad es parte de nuestra naturaleza, también el placer sexual, así que hay que buscar la mejor manera de gozarla al máximo.

Se vale utilizar píldoras según la edad, la situación hormonal, física, emocional. Sí, se vale todo cuando se trata de placer; obviamente nada peligroso o que ponga en riesgo tu integridad o tu salud; pero tal vez una pastillita para los hombres, algún lubricante, algún juguetito, no sé, mientras haya confianza es válido todo en lo que estén de acuerdo los dos.

Mitos, tabúes, prejuicios y realidades

M La virginidad hoy en día no tiene el valor que antes le daban los hombres y la sociedad. Es algo que siempre tuvo que ser una decisión femenina y ahora lo es. Cada mujer puede decidir con quién tiene su primera relación, cuándo y por qué; la virginidad no te hace más mujer ni te da un valor agregado. A pesar de esto hay quienes por costumbre o por religión aún le dan valor, y se respeta, pero imagínate la condena que será si la relación no funciona en el sexo; serán mujeres que no tengan satisfacción sexual porque su pareja no es un buen amante o porque no hay química. En la práctica de la sexualidad todo es válido, mientras los involucrados estén de acuerdo pueden repasar de arriba abajo el Kamasutra, practicar sexo tradicional, anal u oral si eso desean. Incorporar juguetes, disfraces o lo que decidan, siempre y cuando los dos hayan dicho «sí» porque un «no» en el terreno sexual es «no», y así debe respetarse. En cuanto al sadomasoquismo, hay grados de dolor que se asemejan a orgasmos, hay quien disfruta de ello. Mas no agredas ni permitas que te agredan si tú no quieres. Si necesitas mayor intensidad, mayor juego erótico, pruébalo, pero siempre y cuando te sientas cómoda; lo peor que te puede pasar es que te sientas violentada después de hacer el amor y es algo que no debes permitir.

De los mitos, tabúes y prejuicios nada se ha desechado, en realidad tiene que ver con la evolución de cada quien, sus experiencias, con la edad incluso. Mitos, tabúes y prejuicios siguen vigentes..., todavía hay quienes prefieren estar con una virgen, o tener sexo tradicional, porque si no es así creen que están con alguien que ya aprendió de todo, que tiene experiencia. Te juzgan, tal vez, te cuestionan, pero aun así, en general, lo de la virginidad ya es algo que prácticamente está desechado, aunque depende de la edad y experiencia de cada quien, y también del país o las costumbres locales.

Cougars, MILF, todo vale

De la cultura estadounidense y a través de la televisión, el cine y otros medios, hemos retomado términos que se han acuñado recientemente para definir, con humor no exento de cierta crítica, fenómenos sociales novedosos o situaciones que antes permanecían sin reconocerse. Cougar, por ejemplo, una palabra que en inglés designa a los felinos como el puma o la pantera, se ha utilizado para hablar de las mujeres «maduritas» o de mediana edad, quienes se relacionan con hombres más jóvenes; la imagen de una fiera al acecho te da la idea de cómo la sociedad percibe esta actitud, que en sí misma no tiene nada de malo a pesar de que la diferencia de edades se perciba como un obstáculo en una relación «normal». Una MILF (*Mom, I'd Like to Fuck*), vendría a ser, en cierta forma, lo opuesto: que un hombre joven, incluso adolescente, considere a una mujer mayor que él, con hijos, casada o no, como alguien –una mamá– deseable sexualmente, en oposición a que jamás pondrían los ojos en otras madres aseñoradas o avejentadas.

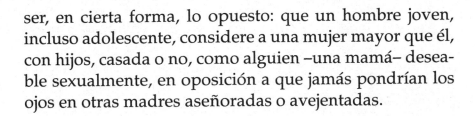

Cada vez con mayor frecuencia las parejas se relacionan desde lugares que no son necesariamente los establecidos. La diferencia de edad solamente cuenta cuando quieres tener familia con una persona. Generalmente se justifica que hombres mayores anden con mujeres más chicas, porque si llegan a casarse o quieren tener hijos, no importará qué edad tenga el hombre, puede seguir siendo fértil y la mujer estará en plenitud de su etapa reproductiva. Sin embargo, cuando tú eres mayor que él, en ocasiones es imposible tener hijos, por lo que deben llegar a acuerdos sobre qué hacer si se desea descendencia. Lo que es un hecho es que un hombre entre veinticinco y treinta y cinco años tiene su mayor potencia sexual, y una mujer alcanza esa plenitud entre los treinta y cinco y cincuenta, ¡entonces sexualmente estás empatada con alguien más joven, aunque socialmente siga existiendo cierto prejuicio! Sin embargo, cada vez es más frecuente este tipo de relación, no sólo por el aspecto sexual, sino por intereses en común y sentimientos verdaderos.

Además, actualmente ya no importa si eres madre, si tienes veinte, treinta, cuarenta, cincuenta, sesenta, se está revalorando el lado femenino y con esto nues-

tra sexualidad. Por otra parte, nosotras también nos cuidamos más y seguimos siendo atractivas con los años. Antes, en cuanto eras mamá o llegabas a cierta edad, te cancelabas como mujer; pero hoy nos hemos revalorado y los años también nos sientan bien. Así que la diferencia de edad ya no es un obstáculo y simplemente tienes que trabajar en este tipo de relación con temas y estrategias distintas que quienes no la tienen.

A   Pues sí, todo se vale; depende de la persona, y de nuevo, de la mentalidad. Hay mujeres que descubren que son atractivas para alguien joven y esto las hace sentir bellas y poderosas, no sé exactamente qué es lo que les cause, pero en realidad esto de «no hay edad para el amor», que es una frase trillada, a veces es verdad. O no es amor: puede ser una búsqueda o curiosidad, pero por lo menos ahora ya no se juzga tanto a la mujer que anda con un hombre más chico que ella, y que sea evidente. Por eso, a partir de los treinta, treinta y cinco, cuarenta y más, las mujeres tendemos a cuidarnos mucho, tenemos ganas de sentirnos vivas, bellas, y si no encontramos amor en un hombre de nuestra edad o mayor, pues también es válido, es nuestra vida, se vale todo lo necesario para ser felices.

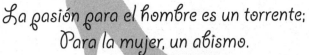

La pasión para el hombre es un torrente;
Para la mujer, un abismo.
—Concepción Arenal

Juguetes eróticos

Los juguetes pueden ser divertidos, además pueden ayudarte a salir de la rutina. Una buena sugerencia sería, si es la primera vez que los usas, ir los dos a elegirlos, y si no... «una sorpresita» de vez en cuando cae bien.

Si te dan curiosidad, debes probarlos; si te sientes humillada o estás haciendo algo que no te gusta, olvídalo, pero si los dos están de acuerdo, todo es válido, se valen juguetes, se valen las píldoras del amor, artilugios y demás.

Tips

- Las mujeres siempre queremos que nos abracen después de hacer el amor, mientras que ellos ya están desgastados y fisiológicamente les es más difícil mantener las ganas de seguir con el apapacho. El problema es que nos lo tomamos personal pero no lo es… Así que si no te abraza, ¡hazlo tú!

- Mantente siempre atractiva, cuídate, vete bonita, siéntete mujer. No importa la edad que tengas.

- Procura estar receptiva a los cambios y nuevas propuestas.

9
Todo lo que ellos quieren saber
Preguntas y respuestas

*Hombres necios que acusáis
a la mujer sin razón...*
—Sor Juana Inés de la Cruz

n esta sección contestamos las preguntas que nos hicieron llegar varios hombres a través de Twitter, cuando les pedimos que se sinceraran y nos plantearan sus inquietudes más profundas, o simplemente sus dudas más sinceras acerca del carácter femenino o la actitud de las mujeres; y es que comprendemos que si algo resulta constante en ellos es su desconcierto ante nuestros rasgos de carácter, los cuales padecen, toleran o incluso llegan a aceptar como parte de la historia compartida, pero creemos que sería mejor si hablamos de ellos de la forma más abierta y honesta posible, de modo que a nadie le queden dudas ni haya malentendidos, aunque a veces nosotras estemos en un proceso de autodescubrimiento y vayamos poco a poco entendiendo nuestros motivos para ser como somos.

Te abrazan por favor, y quieres que
te aprieten.
—Dicho popular mexicano

¿Por qué prefieren a un patán que a alguien que las trate bien?

Generalmente cuando un hombre es lindo, tierno e incondicional te da flojera, nos gusta más un hombre que tenga carácter, pero esto no quiere decir que prefi-

ramos al patán. Tanto hombres como mujeres, cuando tenemos a alguien incondicional, nos aburre porque lo damos por hecho. Nos gusta que haya reto en la relación, conquista y seducción. Los patanes están fuera de moda y si te topas con uno ni siquiera vale la pena darle una oportunidad. ¡Para qué pasarla mal si puedes pasarla bien!

A No estoy tan segura de que prefiramos a un patán, tiene que ver más con que, a veces, si alguien te llena de miel y te atosiga y es dulce, bueno y perfecto y no tiene un pero, se vuelve complicado y te llega a empalagar. No me gustaría un patán, prefiero a un hombre que me respete, tenga el valor de opinar y también esa actitud, esa fuerza para llevarte la contraria cuando sea necesario, para expresarse sin necesidad de ser grosero ni agresivo. Es decir, hablando en términos generales, a mí me gusta que me traten bien.

¿Por qué lloran de todo?

M Las mujeres somos más sensibles, nuestras emociones están a flor de piel, por eso también el drama se nos da fácilmente, siendo sinceras a veces incluso llegamos a manipular por medio de la lagrimita, porque sabemos el efecto que causa aunque, otras veces, tiene mucho que ver con nuestros cambios hormonales.

A Eso es lo que preguntan los hombres: las mujeres tenemos tendencia a ser más sensibles. Lloramos cuando nos conmovemos o cuando nos enojamos y nos sentimos frustradas, cuando reímos, de felicidad, es una cuestión de sensibilidad, tal vez, la gran mayoría la tenemos a flor de piel, y ¡cuidado!..., porque también puede ser un arma.

¿Por qué son tan manipuladoras?

M Todos podemos ser manipuladores cuando queremos conseguir algo, o presionar, pero hay grados. Tiene que ver con el deseo de control; con quererte salir con la tuya. Lo ideal sería no caer en esto, sino hablar y pedir de frente lo que deseas. Porque si se trata de una manipulación fuerte, y si la descubren, generalmente la otra persona se siente usada y esto genera enojo o un rompimiento.

A Hablando de armas, precisamente, las mujeres en general, incluso quienes se ven sumisas, tenemos algo parecido a un control remoto en la mano y sí, nos gusta que las cosas sean como nosotras queremos, a la hora que queremos, y con quien queremos. Hay que tener cuidado con eso, porque parece mentira, pero casi siempre nos salimos con la nuestra. No es agradable ser manipuladoras, pero el hombre que quiere a una mujer y desea estar bien con ella, cede. Abran bien los ojos.

¡Reata no te revientes, que es último jalón!
—Dicho popular mexicano

¿Por qué se cortan el cabello si largo es hermoso?

M Por moda, creo; a mí me gusta más el cabello largo porque es más femenino; por moda puede ser corto, largo, alborotado o como sea. También es cierto que algunas buscan un cambio en el exterior cuando se da una transformación interior, y otras simplemente porque les gusta así.

A A los hombres en general no les gusta tanto el cabello corto, pero a veces es una manera de liberarse, un cambio. Se dice que cuando una mujer se deja el cabello cortito, es porque algo drástico pasó en su vida: porque de verdad quiere dejar atrás el pasado. Esto no les resta que sean femeninas, hermosas, es cuestión de gustos, y hay momentos también en que las mujeres tomamos este tipo de decisiones, sentimos que el cabello largo ya no nos va a cierta edad.

¿Por qué se maquillan tanto?
Nos gustan tal como son

M Nos maquillamos para sentirnos más bonitas, más seguras, también para protegernos del sol. Si estás en casa puedes no maquillarte, o no ponerte más que rímel, brillo y rubor, pero si vas a salir, es lindo verte arreglada, además a mí me encanta todo el ritual; es entretenido ver a una mujer pintándose, observar qué se pone, qué no se pone; pero una cosa es maquillarte y otra caracterizarte: las capas enormes de maquillaje, corrector, rímel, rubor, etc., no lucen bien, e incluso te hacen parecer mayor; pero ver que una mujer se cuida y se procura para verse atractiva es positivo.

A Eso es cierto, he escuchado que a la mayoría de los hombres les gusta una cara al natural, lo más natural posible, pero también se quejan de las fodongas, así que tenemos este contraste: si no te maquillas tanto, si no te haces absolutamente nada y no eres lo suficientemente bella, puede que tú te sientas como fodonga. En fin, tengan cuidado con lo que ellos «dicen», porque a veces voltean a ver a unas maquilladitas, lindas, femeninas, y sin embargo quieren que su mujer no se vea así, entonces eso hace que nos sintamos confundidas. Mejor observa lo que realmente le gusta.

Por más que la peonia sea hermosa,
necesita apoyarse en hojas verdes.
—Proverbio chino

¿Por qué dicen una cosa y quieren otra? Es decir, ¿por qué no hablan claro y sencillo?

Las mujeres manejamos una especie de doble lenguaje, un subtexto que a veces es más importante que lo que decimos, no somos tan directas como los hombres, somos más complejas. Por ejemplo, a veces si nos preguntan si queremos ir a algún lado, decimos «no» aunque sea «sí»; si nos preguntan si queremos algo más, decimos: «como tú quieras», y ese «como tú quieras» significa «claro que sí», mientras si nos preguntan: «voy a salir con mis amigos, ¿no te importa?», decimos: «como tú quieras», pero aquí significa «no lo hagas». Y aunque esto no lo hacemos *siempre, ustedes, hombres, tienen que estar pendientes no sólo de las palabras, sino también del tono y la intención. No obstante, creo que hoy en día las mujeres cada vez somos más directas y estamos aprendiendo a decir lo que queremos y necesitamos.*

Enojada significa enojada, «no tengo nada» no significa «estoy triste». Debemos ser claras al expresar nuestros sentimientos y estados de ánimo.

¿Por qué si dicen no, es sí?

Porque no siempre tenemos claro lo que queremos, porque durante mucho tiempo aprendimos a ser condescendientes y a poner los gustos o necesidades del otro antes que las nuestras, a veces porque preferimos evitar un conflicto. Pero lo que es un hecho es que cada vez decimos más «no» cuando es «no» y «sí», cuando es «sí».

No siempre. De pronto cuando decimos «no tengo nada» es porque simplemente queremos que nos apapachen y nos abracen, y que tal vez descubran lo que tenemos. En otras ocasiones quizá damos rodeos entre el «sí» y el «no» porque no queremos lastimar, estamos buscando las palabras precisas.

¿Por qué cuando quieren un abrazo no lo piden y esperan que adivinemos?

La verdad es que nos encantaría que con sólo vernos lo intuyeran, quisiéramos que fueran adivinos, pero no se vale. En ocasiones hay que decir «me siento mal, quisiera que hoy me trajeras flores, necesito apapachos», para que ustedes lo hagan y así no se cause un conflicto mayor.

No es que adivinen, es que nosotras idealizamos a ese príncipe azul que va a «profetizar» nuestras necesidades, y va a estar preocupado por hacernos sentir bien; en realidad es eso.

Al violín se le juzga por su tono.
—Proverbio ruso

¿Por qué están a la defensiva siempre?

No estamos a la defensiva siempre; quizá les han tocado mujeres que lo están, pero no se puede generalizar.

No, no estamos a la defensiva, sucede que el hombre también tiende a sentirse agredido con las preguntas y con ciertas actitudes. Los hombres también son sensibles, así que no estamos a la defensiva siempre, no se confundan.

¿Por qué culpan a las hormonas de todo? ¿Es real?

Sí, las hormonas nos gobiernan, nuestro estado de ánimo depende de ellas. Si nos va a bajar, nos sentimos más sensibles; si estamos ovulando, nos ponemos más cachondas, aunque hay quienes se sienten así cuando menstrúan y otras durante la ovulación. Algunas no pueden ni oler a su hombre cerca en esas fechas, y otras no pueden ni ir al trabajo porque tienen fuertes cólicos; créanlo, las hormonas nos traen en un vaivén de emociones.

A De verdad, hormona «mata» neurona, ja, ja, ja. Las hormonas juegan con nosotras, eso es absolutamente cierto, los hombres tendrían que acercarse a los ginecólogos, a los doctores, y analizar: ¿qué pasa después de que nacen los hijos?, ¿qué efectos tiene el síndrome premenstrual?, ¿o la menopausia? Investiguen, pregunten, a veces suena a chantaje pero no lo es, es una realidad absoluta que con frecuencia no podemos controlar, y sólo alguien que ame bastante a su mujer va a poder entenderlo, es algo auténtico. Lean, averigüen, hablen con ella y créanle.

¿Por qué si te callas malo, y si hablas malo?

M Podemos estar hablando entre seis mujeres, y las seis entendemos lo que se dijo, mientras que con los hombres a veces no nos pasa lo mismo, y si no dicen lo que queremos escuchar, malo; o si se callan, malo; pero si hablan, también, por eso los traemos vueltos locos. Deberíamos aprender a comunicarnos mejor: si el hombre no está entendiendo lo que quiere una mujer, mejor que lo pregunte tal cual: «¿lo que me estás diciendo es esto?» o «¿lo que quieres que haga es esto?». Si ella dice «no importa», él debe preguntar: «¿de verdad no te importa?», «¿quieres que hable en este momento o me callo?». Sí, somos complejas, pero los hombres pueden hacer un esfuerzo por comprender.

A　Los hombres suelen ser callados; lo ideal es que expresen lo que sientan, porque nosotras en general tratamos de hacerlo al conversar. No me parece que sea malo, a mí me gusta que hablen.

¿Por qué son tan celosas con los amigos y más con las amigas?

M　Esto sólo es inseguridad; hay quienes al ver a su hombre con mujeres, quisieran que no tuviera amigas, cuando el mundo está hecho de hombres y mujeres. Más allá de desconfiar de ellas, están desconfiando de su pareja.

Así que debes resolver esto porque no es más que control, dominio: cuando crees que tu hombre es tuyo y nada más, vas a tratar de evitar que tenga contacto con el mundo exterior, y eso es imposible. No te va a ser más o menos fiel o infiel porque salga con sus amigos, incluso va a llegar más contento contigo después de verlos, a ellos, o a sus amigas.

A　Pues porque así somos, queremos toda su atención hacia nosotras y nos gusta sentirnos amadas, deseadas y demás; y hay días en especial en que estamos más sensibles, pero si ustedes, hombres, le dan a su mujer la confianza de que solamente quieren estar divirtiéndose un ratito y pasarla bien con sus amigos, de que no necesariamente van a estar portándose mal —incluidas sus amigas—, entonces háganle sentir eso a su pareja y no tendrá por qué estar cuestionándolos tanto. También midan bien sus tiempos, háganle sentir que es importante, y no que otros lo son, más que ella.

¿Por qué creen que si estoy serio es sinónimo de enojo o fastidio?

M Es una interpretación; las mujeres tendemos a interpretar y a leer entre líneas. Nos dicen «eres dulce» y nosotras leemos «eres empalagosa»; siempre hay una segunda lectura, siempre vemos la intención, y tendemos a ir más allá de las palabras, lo cual puede alejarnos de la realidad cuando hacemos un doble juicio. Ellos están acostumbrados al drama de las mujeres; pero si dices la verdad de tus sentimientos, te lo ahorrarás, o si tienes duda sobre lo que en realidad quiso decir o cómo se está sintiendo, mejor pregunta y no supongas.

A Nos pasa a todas y es algo con lo que vas a tener que vivir: si no estás enojado o fastidiado, hazlo saber, únicamente di: «en este momento estoy solo conmigo, estoy en introspección»; pero debes hacerle *saber eso a tu pareja y ya, nada más, no te molestes si te lo preguntan, no es raro, nosotras hablamos y preguntamos, los hombres no tanto.*

Las costumbres pueden llegar a cambiar la naturaleza.
—Shakesperare

¿Por qué si disfrutan del sexo se reprimen?

M *Hay varias mujeres que se reprimen por lo que van a pensar ellos, por lo que van a sentir ellas, por la educación, porque está mal visto que tengan deseos igual que los hombres, pero fluir libre en la intimidad depende del trabajo personal de cada mujer, y también de la confianza que ustedes le den a su pareja. Contribuyan a que ella se sienta libre al amar.*

A *Los hombres tienen que platicarlo con las mujeres: díganles que no importa, que ustedes quieren una mujer libre, que se comporte como quiera, que se exprese, que disfrute, y si goza que se los haga saber. Es algo importante, pídanselo a sus mujeres en lugar* *de actuar como machos y hacerlas sentir unas golfas por expresarse o por decir lo que sienten y quieren. Simplemente háblenlo.*

Tips

- Sé directa.

- Reflexiona antes de actuar.

- Mantén la comunicación.

- Nunca estés demasiado ocupada como para no escucharlo.

- Aprende de él.

10
Lo que ellos tienen que entender...
y nosotras debemos hablarles al respecto

No juzgues mis decisiones
sin conocer mis razones

Casi para terminar, pero no menos importantes, son las preguntas que nos hacemos en relación a esas emociones y percepciones que creemos que ellos deben tener en cuenta con respecto a nosotras, y a veces se ven omitidas o asumidas de tal manera que afectan la relación. Entre las confusiones producidas por los nuevos roles de hombres y mujeres están ideas como: «somos tan liberadas y modernas que nos empalagan las atenciones»; y después de un tiempo sucede que pueden llegar a tratarnos como a «uno más de los chicos», o se olvidan de los detalles e incluso pasamos de ser amantes y mujeres a convertirnos en «segundas madres» de quienes deberían ser hombres adultos, independientes y capaces de tomar decisiones, rasgos masculinos que admiramos y que han ido perdiéndose mientras nosotras ganamos más espacios en la búsqueda de una igualdad, no siempre bien entendida por nuestra parte, ni por ellos.

Mantén tu «yo» en el «nosotros»...,
y el «nosotros» tendrá más fuerza.
—Tomada de Twitter

¿Cómo hacerle saber a los hombres que necesito más amor (o más abrazos y besos)?

Sí necesitamos atención, necesitamos amor. A veces nos dan por hecho, porque las mujeres hemos aprendido a ser en ocasiones muy demandantes o controladoras y los saturamos; pero es bueno que ellos sepan que por más superwoman que nos sintamos, por más alta ejecutiva, por más independientes, así tengas veinte, treinta, cuarenta, cincuenta u ochenta años, no importa, tenemos necesidades emocionales y requerimos de mayor contención y demostraciones de amor de nuestra pareja. Así que apapáchenos, díganos... pero sobre todo demuéstrenos con hechos lo que sienten por nosotras.

Pues así, diciéndolo. El problema es que a veces nosotras creemos que somos una carga para ellos en medio de su mundo, problemas y ocupaciones, por el solo hecho de pedirles o expresar lo que necesitamos, y hasta les cuidamos eso, no cargarlos con más cosas por hacer, más compromisos; aunque incluya pedirles que nos apapachen o que hagan algo por nosotras, que sean más detallistas o amorosos. Esto es un gran error porque vamos dejando que pase la vida sin que se enteren de nuestras necesidades, y después de un rato de guardarnos esto, de pronto podemos explotar. Se puede volver algo verdaderamente delicado y difícil de solucionar, porque si acumulamos estas demandas quedándonos calladas, hay un punto en el cual, tal vez y como todos, estallemos sintiéndonos ignoradas. Ellos no se enteran de qué es lo que nos hace falta, no se los hacemos saber ni sentir, y pueden seguir así, en medio de su trabajo y ocupaciones, pensando que así está bien, asumen que sabemos que nos quieren, nos aman, y pueden pasar así bastante tiempo. Hay que hablar, hay que decir lo que necesitamos, porque a veces no hay vuelta atrás y así es como terminan las historias, después de guardar dolor y resentimiento o, tal vez, necesidad de amor.

A veces necesito creer que las personas son buenas, aunque me decepcionen una y otra vez.
—Dr. House

Deberían saber que nos encantan los detalles, ¿o cómo podemos decírselos?

M Las mujeres somos más detallistas, nuestro cerebro está diseñado para ver las partes, más que el *todo, y los hombres ven más lo global, es parte de nuestra naturaleza: ¡Nos encantan los detalles!*

Una mujer es quien hace hogar o generalmente decora una casa porque tiene mayor sensibilidad. Un hombre, por ejemplo, te dice «Se ve bien» o «Se ve mal», pero tú eres la que anda buscando qué poner en cada rincón.

Los toques particulares son básicos, un hombre que es detallista, que te manda mensajes, flores, que te deja un recado en el espejo, seduce, te hace sentir especial.

Hay una frase en Avatar que se me hace lo mejor de la película: en lugar de «te amo» se dicen «te veo, te veo». Y pensé: «¡Es eso!»; los detalles son decirle al otro «me importas», «te veo», «he pensado en ti y quiero hacer algo especial para ti».

A Necesitamos más amor, apapachos, abrazos y besos, incluidos detalles. Claro que tienen que saberlo, claro que es algo que en el momento comunicas, pues esperas una transformación, y en verdad lo ideal es que reaccionen. Si han dejado de actuar de manera cariñosa es porque tal vez ya no haya interés, pero a veces los hombres se guardan las cosas, y eso simplemente es una bomba de tiempo. También funciona en sentido contrario, una forma de pedir o demostrar lo que necesitas es haciéndolo tú: si quieres detalles, sé

> detallista; si quieres amor, sé amorosa; si no lo recibes de vuelta, o no hay reacción positiva, piénsalo.

¿Cómo hacerle saber que cuando digo: «vamos a donde tú quieras, elige tú», es porque me gusta un hombre que también decida dentro de la relación?

Nos gusta un hombre activo, que domine en el buen sentido; sentir de él contención, su determinación, su fuerza, su abrazo. A veces pasa que deciden todo el día en el trabajo, y cuando están con una mujer se liberan, y prefieren que tú decidas; pero también las resoluciones pueden ser compartidas. Lo importante es que sientas, si así lo requieres, que tienes a alguien al lado que te da soporte. Mientras ellos esperan de nosotras ternura, percibirse acogidos y sentirnos como mujer, nosotras queremos tener un respaldo atrás, sentirnos apapachadas. Esto te lleva a una complicidad, a ser compañeros de vida, a ir en un mismo camino, a tener una misma meta en común. Así que si esto no queda claro: ¡díselo!

Exprésalo, ellos no son magos, no son adivinos, entonces háblalo. Si dices «vamos a donde tú quieras», porque quieres que él elija, díselo así tal cual, porque casi siempre la respuesta es: «no, di tú», «no, pero tú elige», «no, ¿pero tú de qué tienes ganas?»; y lo que podría ser un momento inolvidable, donde los dos pueden pasarla bien, una noche para dos, divertirse, entretenerse o distraerse, se puede hasta volver un problema, un rato incómodo, porque se convierte en un pleito incluso desde la elección del lugar.

Tú le puedes decir: «a ver, hoy tengo ganas de que tú elijas», «hoy quiero ir a donde tú estés seguro de que la vamos a pasar bien», y así lo haces sentirse importante. Por otro lado, si tienes un lugar donde crees que podrían disfrutar los dos, también sugiérelo; es cuestión de comunicación, una vez más.

Cien hombres hacen un campamento,
pero se necesita una mujer para hacer un hogar.
—Proverbio chino.

Por la educación que hemos recibido, existe
la tendencia a que las mujeres atiendan a los
hombres como si fueran sus madres. ¿Cómo
evitarlo? ¿Cómo marcar límites?

M Es un problema nuestro. A veces tendemos a comportarnos como madres con nuestras parejas y acabamos teniendo un hijo en lugar de un esposo o un novio; con esa actitud de «te resuelvo todo, no te dejo ser», vamos ganando terreno y no les dejamos nada, no les permitimos ser, los vamos castrando... Y esto, tarde o temprano, irá en contra de la relación. No olvides jamás que es tu hombre y, por lo tanto, debes seguir conduciéndote como su mujer. Una cosa es consentirlo, mimarlo, y otra consolarlo y resolverle todo.

A A veces no está tan mal, los hombres casi siempre necesitan este tipo de apapacho, el que les daban sus mamás o que nunca recibieron, dependiendo de su historia. Es rico que la mayoría de nosotras tengamos algo de mamás, pero hay que evitar convertirse en una, en su nana; sino que hay que apapachar, consentir, hacerlos sentir amados y queridos. En realidad hay momentos en los cuales jugamos ese papel y los dos podemos disfrutar; sin embargo, los excesos también

> *hacen que se pierda la pareja, por lo que hay que marcar límites intercambiando opiniones, haciendo necesaria la comunicación...*

Recuerda que el gran amor y los grandes logros entrañan un gran riesgo.
—Tomada de Twitter

Tips

- Independientemente de cuánto hayan cambiado las cosas, busca en ti misma, en tu propia naturaleza, lo que quieres para tu relación, la parte que necesitas que él aporte, y descubre la manera de planteárselo.

- Es posible que consideres que algunos valores ya están pasados de moda, pero tú sabes qué te hace falta; no asumas su papel ni dejes que la rutina llene los espacios, procura mantener vivo «eso especial» del trato que él te daba al principio.

- No te pierdas de los pequeños momentos de felicidad por buscar los grandes.

Despedida

Las cosas no te suceden a ti, suceden para ti.

*P*or último, nos despedimos con algunas ideas, esperando que lo que hemos expresado en este libro les ayude a tener una vida más plena y feliz. No siempre es fácil estar consciente de nuestro actuar, pero creemos que vale la pena intentarlo todo, es cuestión de actitud. Así que:

Trata de estar siempre relajada, ser más directa cuando hables con tu hombre; tus lentes para ver la vida no son los de él, y pueden existir detalles que se te escapen. Haz claramente las preguntas importantes acerca de su vida en común: platiquen sobre lo significativo en sus vidas, pero desde la empatía, poniéndose en los zapatos del otro. Evita ser reactiva, porque actúas desde el ego. En el trabajo o con tus amigas: deja de ser siempre la niña herida, la víctima. Aplica el autoconocimiento, observa tus reacciones y despréndete del ego, de la idea de que todo es contra ti, para dejar de hablar desde la carencia, de tomártelo personal; serás mejor colaboradora, amiga y pareja.

Estoy orgulloso de las cicatrices en mi alma, me recuerdan que vivo intensamente.
—Paulo Coelho

Somos históricas, no histéricas; nos acordamos de todas las ofensas que nos han hecho. Evita el rencor, porque puede ser que el objeto de tu coraje ni cuenta se dé de lo que sientes.

Podemos ser felices. Mira hacia adentro, encuentra el amor que tienes para ti misma. No niegues los sentimientos negativos, aprende a decidir qué hacer con ellos, busca la esencia de las emociones para saber por qué te sientes de cierta manera. Las respuestas están en ti aunque a veces necesites reflejarlas en alguien más, pero haz las preguntas correctas para encontrarlas: ¿envidias algo, idealizas la vida de alguien más, te comparas con otra? Ten en cuenta que quienes parecen tener una vida perfecta han pagado un costo también por ella. Se trata de mejorar tu enfoque hacia lo positivo, hacia el trabajo que nos cuesta todo, la suerte no decide lo más importante. Ni todo es tan malo, ni vale la pena fijarse sólo en lo negro cuando vivimos en un mundo dual. Nada es perfecto, todo matrimonio tiene problemas y se trata de no criticar, sino trabajar en la relación.

Ámate a ti misma, voltéate a ver. Deja de complacer o de pretender que no te critiquen; si hay algún problema es de los demás, no tuyo. Esto es una clave para ser verdaderamente libre. Ser diferente tiene un costo, igual que pertenecer.

Diviértete, no te tomes la vida tan en serio; las latinas somos melodramáticas, de andar con el flagelo, sufrimos o nos torturamos por todo: Suelta. Fluye. ¿Qué te preocupa, que las cosas no son como quieres, te falta amor, te sientes sola o que no has logrado lo que te propones en lo económico? Si es esto último, recuerda que el éxito no necesariamente tiene que ver con una cuenta de banco.

Lo que creas acerca de ti misma en tu interior,
es lo que manifestarás en el exterior.

—Tomada de Twitter

Celebra cada día, los sentidos son un regalo y no nos damos cuenta, no somos agradecidas y la gratitud es importante; haz una lista de lo que tienes, no de lo que te falta. Deja de fijarte en las críticas, porque te apartan de lo que has logrado.

Atraes lo que traes adentro... Fíjate y saca lo mejor de ti misma, tu alegría, tu orgullo, tus valores; ríete con frecuencia, sonríe a los demás y observa cómo cambia todo. La existencia es un búmeran, y lo que mandas se te regresa.

Cada quien construye su vida, cuida tu entorno: quejarte todo el tiempo o andar con gente negativa te afecta; limpia y saca lo que no te hace bien. Puedes ser empática y ayudar sin verte afectada por los problemas de los demás. Libérate y descubre que estar viva vale la pena.

Llegó la hora de despedirnos y de entrar en acción. Nuestro deseo es que te sea provechoso algo de lo que platicamos y, sobre todo, que tu vida como mujer sea maravillosa, tal y como tú lo mereces. ¡No estás sola! Aquí estamos contigo.

Besos y abrazos,

Martha y Andrea

Agradecimientos

De Martha:

Quién iba a decirme que algún día iba a estar publicando
un quinto libro después de los nervios al escribir el primero:
Ni Santa ni Golfa, en el que también abordaría el maravilloso
mundo femenino, aquel en el género ficción y ahora hablando
de lo que las mujeres vivimos hoy en día. Al hacerlo consciente
mi corazón se llenó de **agradecimiento** a todas esas mujeres
que, a través del tiempo y gracias a su lucha, tesón
y valentía fueron abriéndonos la puerta a las nuevas
generaciones para poder disfrutar en la actualidad
de libertad de expresión, de acción, de creencia y de sentir.
Aún falta mucho por hacer, hay muchas mujeres en el mundo
que no gozan de estos privilegios y es responsabilidad
de quienes sí los tenemos de ir dando paso firme para ayudar a
crear conciencia a hombres y mujeres sobre nuestro valor
y derecho de acción que como género tenemos.

Infinitas gracias…
A mis hijos, Andrea y Daniel, por enseñarme el increíble balance
entre el yin y el yang, por su amor, comprensión y apoyo.
A mis abuelas, Esther y Concepción, y a mi madre, Raquel, para
quienes ser mujer no fue un camino fácil y aun así
jamás perdieron la fe en sí mismas.
A Cristina García, mi hermana del alma,
por su solidaridad y cariño incondicional.
A todas mis amadas amigas, a las que les aprendo
día a día este andar femenino.
A los hombres con los que he coincidido y compartido distintos
momentos de mi vida, porque todos han sido
un espejo maravilloso de mi femineidad

275

y grandes maestros que han dejado
profunda huella en mí. Gracias hombres por existir.
A ti, Ku (Andrea Legarreta), por compartir esta aventura,
este diálogo abierto que me hace quererte aún más
y agradecer nuestra increíble amistad.
¡Te quiero siempre en mi vida!!!
A Doris Bravo y Gabriel Sandoval, mis queridos editores, por
seguir confiando en mí y darme todo su apoyo.
Gracias a ti, que al leer este libro, le das ¡un mayor significado!
Y por último, gracias a Dios por la vida
y por permitirme, a través de la palabra, poder abrir el corazón
y ser un canal, para desde ahí, ¡conectar con otros!

Agradecimientos

De Andrea:

Gracias al Buen Dios, por cada uno de sus planes...
A TODAS esas mujeres quienes han pasado por mi vida
dejando una enseñanza: mis amadas primas, tías, amigas...
Mil gracias, Marthita, mi adorada amiga, ¡mi Chu!
Gracias por cada momento juntas, por recordarme
el sentido de la amistad entre mujeres,
gracias por darme la confianza para adentrarme en esta
aventura y compartir tus conocimientos y experiencia,
¡te adoro y te admiro...!
Gracias a la editorial por confiar en mí; gracias, querida Doris,
por esta oportunidad, por tu amor y entrega
a lo que haces, ¡y sobre todo por tu PACIENCIA conmigo!
¡Eres una dama...!
A toda mi familia...
Y gracias a TODOS los hombres quienes, de una u otra forma,
han sido parte de mi existencia, pero sobre todo
a esos hombres ESPECIALES e INÉDITOS, quienes
me han dado instantes inolvidables, me han enseñado
el verdadero sentido de la vida y
me han hecho sentir valorada y amada.
GRACIAS INFINITAS a Juan, mi amado padre, quien también
es mi apoyo y confidente, quien ha llorado conmigo y limpiado
mis lágrimas tantas veces y se alegra con mi felicidad;
mis adorados hermanos, Juan Carlos y Mauricio,
¡tan divertidos y amorosos, sin duda un regalo en mi vida...!
Y a mi socio, compañero, amigo y amado peloncito Erik:
gracias por tu amor, entrega y paciencia de tantos años,
por ser el mejor padre para nuestras princesas, ¡dulce, juguetón

y tolerante siempre...! Gracias por estar al pie del cañón
a pesar de mis hormonas, ja… ja… ja...
Por supuesto a todas las lectoras,
por su interés, por darnos la oportunidad y leernos...
¡GRACIAS!